스탠퍼드는 명함을 돌리지 않는다

内向的な人のための スタンフォード流 ピンポイント人脈術
NAIKOUTEKINAHITO NO TAME NO STANFORDRYU PINPOINT JINMYAKUJYUTSU

Copyright ⓒ 2019 by Ryan Takeshita
Original Japanese edition published by Discover 21, Inc., Tokyo, Japan
Korean edition published by arrangement with Discover 21, Inc. through Eric Yang Agency Inc.

스탠퍼드는 명함을 돌리지 않는다

내가 좋아하는 사람만 만나도 일과 인생이 성공하는 핀포인트 인간관계 법칙

라이언 다케시타 지음
정은희 옮김

INFLUENTIAL
인 플 루 엔 셜

나에게는 어릴 적부터 고민이 하나 있다. 사람을 만나는 자리를 극도로 싫어한다는 점이다.

한번은 친구 결혼식에 가는 것조차 내키지 않아 옷걸이에 걸린 정장을 보면서 한참을 망설인 적도 있다. 정장을 챙겨 입고 집 밖으로 나가 결혼식장에서 낯선 사람들과 대화를 나눠야 한다고 생각하니, 도저히 기분이 나질 않았다.

그렇다고 해서 친구 결혼식에 안 갈 수도 없는 노릇이었다. 나는 결국 정장을 포기하고 입고 있던 차림 그대로 나가 결혼식장 로비에서 친구를 기다렸다. 그리고 식을 마치고 나오는 친구에게 슬며시 다가가 축하 인사를 건넨 뒤 곧바로 집으로 돌아왔다. 지금 돌이켜보면 정말이지 무례하기 짝이 없는 행동을 했다는 생각에 얼굴이 화끈거린다.

타고나기를 내성적인 내가 글을 쓰는 일을 하고 싶다는 이유 하나로 기자가 되었다. 책 읽기를 좋아했고, 혼자 책상에 앉아 생각하고 글을 쓰면 되는 일이니 나와도 잘 맞을 거라 생각했다.

하지만 기자의 일은 사람을 만나는 것에서 시작해서 사람을 만나는 것으로 끝난다고 해도 과언이 아니다. 그만큼 기자는 많은 사람을 만나야 한다. 노벨상 수상자 같은 세계적인 저명인사뿐 아니라 사건에 관한 정보를 얻기 위해 일면식도 없는 평범한 시민의 집 초인종을 누르고 말을 걸어야 할 때도 있다. 모든 사람이 취재의 대상이다.

14년 동안 신문기자로 일하면서 수천 명의 사람들과 만남을 가졌고 최선을 다해 취재했다. 그렇지만 아직까지도 어려운 일이 바로 '인맥 쌓기'다. 인맥이 없으면 기업을 취재하거나 중요인사를 인터뷰할 때, 또는 특집 기사를 준비할 때 어려움을 겪는 경우가 많다. 그래서 인맥을 쌓기 위해 의식적으로 노력했다.

직업 특성상 인맥을 쌓기 위한 네트워킹 파티에도 자주 초대받는다. 다양한 업계 사람들이 모여 명함을 교환하고 서로 사람을 소개하고 소개받는, 언론인에게는 꽤 중요한 자리다. 마

스탠퍼드는 명함을 돌리지 않는다

냥 피할 수만은 없어서 거절하지 않고 참석해봤지만 웃으며 이야기를 나누는 순간에도 사실 대화 내용은 머릿속에 들어오지 않았다. 머리로는 인맥의 중요성을 누구보다 잘 알고 있지만, 빨리 집에 가서 씻은 뒤 편의점에서 사온 맥주나 마시면서 쉬고 싶다는 생각밖에 들지 않았다.

이런 나와는 달리, 언론계에는 엄청난 인맥을 자랑하는 사람들이 있다. 나는 이런 사람들을 '인맥 몬스터'라고 부른다. 가득 차다 못해 곧 터질 것 같은 명함철을 가지고 있고, 휴대전화 주소록에는 몇천 명의 연락처가 저장되어 있다는 사실을 자랑스럽게 생각하는 사람들이다. 누구에게든 적극적으로 다가가 말을 걸고, 업무적으로 중요한 사람이라면 일이 끝난 뒤에도 술자리를 마련하여 친분을 쌓는다. 그의 페이스북에는 밤 1시에도 여럿이 모여 술을 마시거나 노래방에서 흥겨운 시간을 보내는 사진이 올라온다.

또 전설처럼 내려오는 이런 이야기도 있다. 어떤 기자가 경찰서 사건 담당으로 발령이 나자 자기 이름을 크게 쓴 명찰을 가슴에 달고 경찰서를 돌아다니며 인사를 했다고 한다. 관계자들에게 단박에 자기 이름을 각인시켜 친해진 뒤, 종종 비밀 정보를 얻으면서 특종 보도를 했다는 것이다. 어느 비즈니스 현장이든 이런 식의 무용담이 있다.

하루가 멀다 하고 회식에 참석하고, 유명인과 연줄을 대보려고 수단과 방법을 가리지 않고 노력하는 사람, 하도 많은 사람을 만나 명함을 나눠주다 보니 명함이 금방 동이 나 새로 신청하는 사람들을 보면서 나는 마음이 불안해지곤 했다.

'나는 저렇게까지 하고 싶지는 않아. 저것도 성격이 맞아야 하는 거지. 나는 나만의 방법을 찾자'라고 생각하면서도 핑계를 대고 있는 것은 아닌지 마음 한 켠이 초조했다. 동시에 '사람을 만나는 자리를 불편해하는 성격을 고쳐야겠다', '내가 부족한 부분이 뭔지 아니까 의식적으로 더 노력해야지' 하면서 나 자신을 다그치기도 했다. 이런 갈팡질팡하는 마음을 안고 몇 년을 고민했지만 성격이란 게 그렇게 쉽게 마음대로 고쳐지던가. 누가 뭐라고 하는 것도 아닌데 혼자 스트레스를 받으며 오랫동안 괴로워했다.

변화의 계기는 서른이 넘어 떠난 유학에서 비롯되었다. 미국 스탠퍼드대학교에 유학을 떠났다가 적잖은 충격을 받은 것이다. 미국이야말로 수시로 파티나 모임이 있고 낯선 사람과도 스스럼없이 스몰토크를 나누며 친해지는 곳이니 인맥을 넓히기에 더없이 좋은 곳이라고 생각했다. 그런데 내 기대는 착각이었다. 일본과는 전혀 다른 방식으로 타인과 교제하는 사람들이 있었던 것이다. 그들은 굳이 파티나 세미나를 쫓아다니지 않아도, 화려한 SNS 친구 목록을 자랑하지 않아도 자기가 좋아하는 사람, 잘 맞는 사람과 즐겁게 일하면서 눈부신 성공을 이루고 있었다.

예를 들어 스탠퍼드 출신 창업자 중 1세대라고 불릴 만한 구글의 래리 페이지와 세르게이 브린은 대학 시절부터 함께해 온 사이다. 비록 개인적인 성향은 다르지만 상대를 향한 기본적인 호감과 신뢰를 바탕으로 각자의 영역을 존중하며 오랫동안 호흡을 맞춰오고 있다. 인터넷 게임 스트리밍 업체인 트위치는 예일대 출신 친구들이 모여 시작한 스타트업이었다. 사업이 위기에 부딪힐 때마다 서로를 잘 알고 있는 친구들의 조언으로 위기를 극복할 수 있었다.

이들의 성공은 단지 유능하고 똑똑한 사람들끼리 모여 몸집을 키워나갔기 때문이 아니다. 상대방을 진정으로 잘 아는 깊은 관계를 쌓은 사람들이 함께했기 때문에 가능한 것이었다. 기업이 자리를 잡고 성공하기 위해서는 경영자가 최대한 많은 사람을 만나 투자를 요청하고, 닥치는 대로 인재를 끌어들이고, 다양한 조언을 들어야 한다고 생각하는 보통의 통념이 무너지고 있다. 즉 '인맥 몬스터'가 활약하는 시대는 이제 막을 내리고 있는 것이다.

이때의 깨달음을 계기로 나는 지금 시대에 맞는 새로운 인간관계에 대해 고민하기 시작했다. 실리콘밸리와 스탠퍼드에서 경험한 관계 맺는 법을 바탕으로 인맥 몬스터가 되기보다는 핵심적인 소수의 인물과 밀도 높은 '깊은 관계'를 이어나가는 편이 업무적으로든, 개인적으로든 더 큰 성과와 행복을 가져다 준다는 결론을 얻게 되었다. 여기에 내 나름대로 이름을 붙인 것이 '핀포인트 인간관계'다.

아사히신문사를 나와 허프포스트 일본판으로 자리를 옮기면서 핀포인트 인간관계를 적극적으로 활용해보았다. 편집장이라는 자리는 기자보다 인맥 쌓기가 더 중요한 자리였기 때문에 기존의 방식을 따르려 했다면 아마 많이 힘들었을 것이다. 그러나 수많은 사람과 안면을 트는 옛날식 인맥 관리법을 버리고 내가 좋아하는 소수의 사람들과 좁지만 깊은 관계를 맺어보니 오히려 일도, 인간관계도 술술 풀리는 결과를 얻었다.

사교적인가, 내성적인가 하는 개인의 성격은 별로 중요하지 않았다. 타인과 쉽게 친해지지 못하는 성격이라도 호감이 가는 사람이 몇 명쯤은 있으니 말이다. 그런 소수의 사람에게 집중하니 부담이 한결 줄어들었고, 관계로 인한 스트레스가 사라졌다. 인맥이라는 정체를 알 수 없는 개념을 좇는 것이 얼마나 허망한 일인지도 깨달았다. 그저 정말 소중한 몇몇 사람들에게 진심을 다하고, 그들을 '내 사람'으로 만들고 나면 모든 일이 순조로웠고, 해결하지 못할 일이 없었다.

이런 내 경험과 깨달음을 정리한 결과물이 이 책이다. 지금 우리가 일하는 일터와 업무 방식이 어떻게 변화하고 있는지, 그에 따라 관계를 맺는 법은 어떻게 달라져야 하는지를 구체적인 실천법과 함께 정리했다.

최근 들어 SNS가 발달하면서 자꾸만 남들과 비교하고 주눅 들기 쉬운 분위기가 팽배하다. 여기에 휩쓸리지 말고 나 자신을 중심에 둔 단단한 관계를 만드는 데 이 책이 도움이 되었으면 좋겠다. 끝으로 책의 마지막 장을 덮고 나서 더 깊고 친밀한 관계를 맺고 싶은 사람이 한 명이라도 떠오른다면, 그 사람과의 관계가 더욱 발전하기를 응원하는 바이다.

라이언 다케시타

제1장

지금
당신의 일터는
변하고 있다

인터넷 세계에서는 커뮤니케이션의 당사자, 즉 각각의 컴퓨터가 자유롭게 뭔가를 시작하면 그 일이 그대로 인터넷상에서 실현된다. 다시 말해 지구상에서 단 두 대의 컴퓨터만 합의하면, 바로 그 자리에서 지금까지와는 전혀 다른 새로운 일이 자유롭게 시작될 수 있다.

―《인터넷》, 무라이 준

오랜 시간 기자로 일했기에 '시대와 트렌드의 변화'라면 적어도 뒤처지지 않고 있을 거라 생각했다. 그러나 스탠퍼드에 유학을 가게 되면서 실리콘밸리와 스탠퍼드를 직접 경험해보니 나는 우물 안 개구리였다. '성공하려면 이렇게 해야 한다'는 전형적인 공식이 완전히 깨지고 있다는 것이 느껴졌다.

당시에는 새로운 환경에 적응하고 공부하느라 정신이 없어서 내가 느낀 변화와 충격을 제대로 정리할 수 없었다. 다만 지금까지 보던 대로, 생각하던 대로 사회를 봐서는 안 되겠다는 다짐만 하고 일본으로 돌아왔다. 내 기자 생활에 중대한 변화가 시작되었다면 이 시점이 아니었을까 싶다.

그런 뒤 나는 아사히신문을 그만두고 허프포스트로 자리를 옮겼다. 허프포스트는 미국 뉴욕에서 창간되어, 현재 열 개국이 넘는 나라에 뉴스 서비스를 제공하고 있는 인터넷 언론 매체다. 아무래도 전 세계를 대상으로 하다 보니 자국의 뉴스 만큼이나 세계 뉴스의 비중이 크다. 특히 일과 직장 생활, 여성, 성소수자 등 일본 언론에서는 관심이 적더라도 전 세계적으로 중요한 화두로 떠오르는 주제를 비중 있게 다루고 있다. 일본 중심의 기사에서 벗어나 다양한 사람들을 만나 취재하고, 그동안 다뤄본 적이 없는 주제의 특집 기사를 준비하는 동안 전 세계에서 일어나고 있는 변화가 점점 또렷하게 감지되기 시작했다. 스탠퍼드 유학 시절 경험했던 일들이 떠오르면서 지금 우리가 일하고 있는 일터가 변하고 있다는 결론을 얻을 수 있었다.

인터넷과 SNS가 발달하면서 조직과 업계의 벽이 무너졌다. 일하는 방식 또한 급격하게 변하고 있다. 지금은 스마트폰 없이 업무를 한다는 것이 상상도 안 되지만, 불과 10년 전만 해도 스마트폰이라는 어마어마한 발명품은 존재하지 않았다. 앞으로 업무 방식의 변화 속도는 점점 더 빨라질 것이다.

이렇게 일과 조직, 사회가 변화하고 있기 때문에 인간관계를 맺는 방식 또한 자연스럽게 달라졌다. 즉 과거에 통했던 '인맥 몬스터'식의 인맥 관리를 무조건 따를 필요가 없어진 것이다. 그렇다면 정말 호감 가는 사람만 골라서 관계를 유지해도 얼마든지 성공하고 인정받을 수 있을까?

이번 장에서는 우리 사회에 일기 시작한 몇 가지 변화의 물결과 그에 따른 인간관계의 변화들을 짚어보면서 이런 의문점에 대한 답을 상세하게 풀어나갈 예정이다.

명함 인맥의 몰락
업계와 조직의 벽이 허물어지고 있다

● 명함으로 인맥을 관리하던 시대는 끝났다

한 음료 회사에서 마케팅과 홍보를 담당하는 부장이 있었다. 그는 신상품 발표를 앞두고 큰 고민에 빠졌다. 젊은 소비자층에게 새로운 타입의 차 음료라는 점을 어필하기 위해 신선한 홍보 방법을 찾는 중이었다. 지금까지 줄곧 함께 일해온 전통적인 홍보 방식을 사용하는 회사가 아니라 20~30대 소비자층에게 특화된 인터넷, SNS 홍보에 능한 회사와 제휴해서 이벤트를 열면 좋겠다는 대강의 계획은 세워졌지만 마땅한 회사도, 방법도 떠오르지 않는 상황이었다.

마케팅과 홍보 업계에서 30년 가까이 일해온 부장은 이제까지 쌓은 인맥을 최대한 활용해보고자 낡은 명함철을 꺼내, 자신이 아는 사람에게 전화를 돌리고, 업계의 핵심 인사와 술자리를 갖거나 함께 골프를 치러 다니면서 어떻게든 적당한 제휴사를 찾아보려고 애썼다. 전임 부장이 물려준 '업계 유명인 리스트'도 살펴보면서 온갖 지혜를 짜내보지만, 떠오르는 것이라곤 판에 박힌 아이디어들뿐이었다.

이대로 가다간 임원진을 실망시킬 것이 뻔했다. 망연자실한 심정으로 시간을 보내던 중, 그는 홍보팀 막내 사원까지 모두 모인 자리를 마련했다. 그동안의 진행 상황을 설명하고, 돌파구가 될 수 있다면 아주 사소한 아이디어라도 좋으니 뭐든 편하게 이야기해보자고 제안했다.

그런데 나이가 제일 어린 사원 한 명이 스마트폰을 보면서 말을 꺼냈다.

"저, 제가 아는 자동차 회사 임원 분이 있는데, 이분이 제휴 홍보 쪽으로 발이 넓으셔서요. 한번 도움을 받아보면 어떨까요?"

사원의 휴대폰에 뜬 사진과 프로필을 보니 최근 홍보로 업계에서 주목을 받고 있는 유명 자동차 회사 임원의 페이스북 페이지였다. 스크롤을 내리자 다른 기업과의 제휴 이벤트를 소개하는 글이 넘쳐났다. 한눈에 봐도 이 분야에서 상당한 영향력을 발휘하는 사람임을 알 수 있었다.

부장은 깜짝 놀라며 그 사원에게 말했다.

"아니, 정말 놀랍군! 어떻게 이런 대단한 사람을 알고 있는 거지? 당장 만나보게."

이 젊은 사원은 오랜 경력을 지닌 부장도 접근할 수 없었던 의외의 인맥을 도대체 어떻게 쌓아온 것일까?

● 업계와 조직의 벽이 허물어지고 있다

하버드 경영대학원 교수이자 세계적인 석학 린다 힐(Linda Hill)은 '집단적 창의성을 어떻게 관리할 것인가'라는 TED 강연에서 픽사, 구글 같은 끊임없이 혁신을 일으키고 있는 회사들이 지닌 특징으로 '뒤집힌 리더십 구조'를 설명했다.

기존의 조직은 피라미드 구조로, 가장 높은 위치에 리더가 있다. 그들은 직원들이 수집한 정보와 의견을 바탕으로 압도적인 비전을 제시하고 조직을 이끈다. 그러나 혁신을 주도하고 있는 회사들은 이와 정반대인 '역피라미드형' 구조를 가지고 있다는 것이 린다 힐의 주장이다. 고객과 가장 가까이에 있고, 실제로 현업을 수행하며 몸으로 체득한 지혜를 업무에 바로 반영할 수 있는 평범한 직원들이 의견을 활발하게 주고받고, 그것을 토대로 리더가 의사 결정을 하는 구도로 바뀌어야 조직의 혁신을 이룰 수 있다는 것이다.

이것은 조직의 구조에만 해당하는 이야기가 아니다. 사실상 우리가 당연하다고 믿어왔고 익숙하게 여겨왔던 조직 구조와 업무 방식, 인간관계를 맺는 법 모두가 새롭게 변화하고 있다.

앞의 사례 속 사원은 내가 아는 사람으로, 온라인마케팅 이벤트에서 자동차 회사의 간부를 처음 만난 뒤 페이스북에서 연락을 주고받으며 긴밀한 사이가 되었다고 한다.

요즘에는 관심이 있다면 누구나 참여할 수 있는 업무 관련 세미나나 강의, 모임이 많다. 단지 관심 있는 주제라는 이유만으로 기업의 핵심 인사, 업계 유명인에서부터 아주 평범한 회사원에 이르기까지 모든 이들이 모여서 자신만의 노하우를 아낌없이 공유한다. 소속된 조직을 뛰어넘어 다양한 사람을 만날 수 있다. 즉, 직업과 직책에 상관없이 누구와도 대화할 수 있고 친분을 쌓을 수 있다.

그 사원은 사내에서 그다지 눈에 띄는 존재가 아니었다. 오히려 내성적인 성격 때문에 회식 자리에서도 조용히 자리를 지키는 쪽에 속했다. 하루라도 빨리 거래처 사람들과 친밀한 관계를 맺어야 하는데 말도 제대로 못할 때가 많다며 걱정이 많았다. 하지만 그 자동차 회사 임원과는 관심사도 일치하고 놀랄 만큼 말이 잘 통해서 자신도 모르게 가까워졌다고 한다.

사원의 입장에서는 업무 차원에서 혹은 인맥을 쌓기 위해 모임에 나간 게 아니었다. 오히려 업무와 상관없이 개인적인 시간을 내서 사람을 만났고, 호감을 바탕으로 친밀한 관계를 만들어온 것뿐이었다. 옛날 같았다면 그럴듯한 직급이 찍힌 멋진 명함 없이 어떻게 다른 기업의 임원을 만날 수 있으리라 생각했겠는가. 그런데 이제는 그것이 가능하다. 거기다 사적인 관계가 결과적으로는 회사를 돕는 결정적인 역할을 했고, 자신의 업무에도 큰 도움이 됐다.

이 이야기를 인상 깊게 들었던 나는 몇 달 뒤 그 자동차 회사의 임원을 인터뷰하는 자리에서 질문을 던졌다.

"어떻게 자동차 홍보와는 전혀 관련이 없어 보이는 자리에 참석하게 되셨나요?"

"사실 한 2년 전부터 업계 외부의 젊은 사원들과 어울리려고 노력하고 있습니다. 머지않아 운전자 없이 로봇이 운전하는 자율 주행 자동차가 도로를 달리는 미래가 오겠지요. 운전자는 직접 핸들을 조작할 필요가 없고, 할 일이 없어지는 셈입니다. 그러면 차 안은 음료를 마시거나 영화를 보거나 일하는 공간으로 재탄생할 겁니다. 그런 변화에 미리 대응하기 위해서는 자동차 회사도 자동차 개발이나 홍보에만 관심을 가져서는 안 됩니다. 다른 업종과 제휴해서 어떤 신사업을 할 수 있을지, 특히 앞으로 계속 자동차를 구매할 젊은 운전자가 필요로 할 서비스는 무엇일지 미리 알아둬야죠."

이처럼 다양한 비즈니스가 뒤섞이는 시대에서는 조직의 틀과 업계의 벽을 초월해서 사람을 만나고 활발하게 교류해야 한다.

인맥을 쌓는 방법 역시 지금까지는 회사의 핵심 중역들끼리 교류하는 경제 단체, 골프 클럽 회원 모임에 참석하거나, 상사에게 소개받는 방법을 통해 소위 '대단한 사람'과 '대단한 사람'이 자기 직무에 맞춰 관계를 맺고 유지하는 것이 일반적이었다.

그러나 이제는 고객과 직접 접촉하고, 직무나 직급에 상관없이 다양한 사람들을 만나야 새로운 정보를 얻을 가능성이 높다. 그래야 참신한 발상을 떠올리기도 쉽고, 새로운 흐름에 즉각 대응할 수 있다.

언제 어디에서 내 일에 결정적인 도움을 줄 사람이 나타날지 모른다.

● 그 누구도 평생 한 조직에 머무르지 않는다

이미 일본에서도 '평생 직장'이라는 개념은 무너진 지 오래다. 그러다 보니 이제는 명함이 수시로 바뀐다. 분명 한두 달 전에 명함을 주고받으며 인사를 했는데, 새로운 명함을 건네는 사람도 많아졌다. 그새 다른 회사로 이직한 것이다.

지금 내가 일하고 있는 허프포스트는 외국계 미디어 기업이라, 미국 본사에 있는 직원들과 일하는 경우가 많다. 그런데 담당자가 꽤 자주 바뀐다. 직원들이 수시로 이직을 하는 탓이다.

한때 미국 본사에서 편집과 비즈니스 담당 간부 다섯 명이 일본을 방문한 적이 있다. 다섯 명 모두 중요한 자리에 있는 사람들이었기 때문에 좋은 인상을 심어주고 싶었다. 그래서 나는 전통적인 방식의 '접대'로 환영의 뜻을 표했다. 와규 레스토랑과 튀김 요릿집에서 식사하고, 사찰도 몇 군데 방문했다. 밤 늦은 시각에 "도쿄 쓰키지 시장의 아침 풍경이 보고 싶다"라는 말을 듣고는 다음 날 아침 일찍 5시 30분 즈음 시장으로 가서 함께 초밥을 먹었다.

이렇게 접대에 온 정성을 기울였으나 몇 개월 후에는 다섯 명 중 네 명이 이직하거나 퇴직하여 허프포스트를 떠났다. 누가 언제 조직을 떠날지 모르는 일이지만 허탈한 기분이 들었다. 조직 내에서 인간관계를 유지하는 일에 공을 들여도 그 효과가 예전만 못하다는 것을 실감했다.

이직을 하거나 자기 회사를 차리는 등 조직을 떠나는 사람이 늘어나니 조직 내에서 인간관계를 유지하기도, 단골 거래처와 장기적인 인간관계를 유지하는 것도 쉽지 않다. '○○회사의

□□부장'과 같이 회사명과 직책을 전제로 한 만남의 중요성이 낮아진 것이다.

하지만 안타깝게도 오랫동안 피라미드 구조로 운영되었던 조직의 대부분은 이런 변화를 간과하기 쉽다.

유명 대기업의 CEO를 만나보면 "젊은 사원들이 보고 체계를 무시하고 자신의 의견을 피력하려고 해 당황스럽다"거나 "명함도 돌리고 발로 뛰어야 하는데 너무 소극적인 직원들이 많다"는 발언을 하는 경우가 있다.

조직에도 질서는 필요하지만 혁신과 업무 효율을 위해서는 누구나 자신의 의견을 이야기할 수 있는 분위기가 반드시 필요한 법이며, 조직이나 업무와 무관한 인간관계도 얼마든지 일에 도움이 될 수 있다. 이런 역동적이고 유연한 방식을 사내 질서 유지라는 미명 아래 배척하게 되면, 그 기업은 변화하지 못하고 도태될 뿐이다.

'편집 및 글쓰기 모임 워즈(WORDS)'의 대표는 "인맥의 민주화가 일어나고 있다"라는 말을 했다. 어디에서 무슨 일을 하고 있든, 성격이 외향적이든 내향적이든, 과거에 비해 인맥을 쌓을 수 있는 수단은 상당히 평등해졌다는 뜻이다.

이미 우리 사회는 변화하고 있다. '인맥 몬스터'처럼 무조건 유명한 사람에게 접근하여 친분을 쌓으려는 노력은 이제 큰 효과를 거두기 힘들다. 그보다는 자연스럽게 만나게 된 사람들 중에서 자신에게 의미 있는 사람과 지속적인 인간관계를 구축하는 편이 훨씬 더 효율적이다.

" "

사실상 우리가 당연하다고 믿어왔고 익숙하게 여겨왔던

조직 구조와 업무 방식,

인간관계를 맺는 법 모두가 새롭게 변화하고 있다.

" "

능력 있는 개인의 등장

조직에 속하지 않아도 괜찮다

● 평범한 사람들이 세상을 바꾼다

미국 《타임(TIME)》지는 2006년 연말 '올해의 인물(Person of the Year)'에 '당신(You)'을 선정하고 독자의 얼굴이 비춰지는 거울을 표지에 올렸다. 그러면서 "새로운 디지털 민주주의의 기초와 틀을 세우는 데 위대한 사람이 아닌 평범한 '당신'이 의미 있는 역할을 했기에 올해의 인물로 선정하게 됐다"는 말로 그 이유를 설명했다.

그전까지는 보통 저명인사가 올해의 인물로 선정되곤 했기 때문에 이 뉴스는 꽤 큰 화젯거리였다. 당시에는 매우 신선한 시각이라고 생각하고 넘겼지만, 지금 와서 생각해보면 이미

10년 전에 《타임》지는 '이제는 특정 인물이 아닌, 평범한 개인 한 명 한 명이 세계를 움직이는 시대가 되었다'는 사실을 예측했다는 점이 놀라울 뿐이다. 이후 인터넷의 폭발적인 발달과 페이스북, 트위터 등 SNS의 보급, 스마트폰의 대중화로 인해 '개인의 힘'은 비약적으로 커졌다. 오늘날은 인터넷에 접속 가능한 스마트폰만 있으면 셀 수 없이 많은 일을 해낼 수 있다.

개인의 힘이 강해졌다고 하면, 자기 힘으로 사업을 시작한 경영인이나 혼자서 엄청난 수익을 올리는 유명 블로거를 떠올리기 쉽다. 그들은 인터넷이라는 매체 덕분에 대기업 같은 전통적인 조직에 소속되지 않고도 사업을 시작하여 큰 성과를 내고 있다.

하지만 개인의 힘이 강해졌다는 현상의 본질은 그 힘이 약하든 강하든 상관없이 누구나 자신의 능력을 발휘할 기회를 예전보다 평등하고 균등하게 얻게 되었다는 뜻이다.

● 폭발적으로 성장하는 '개인의 힘'

개인의 힘이 강해졌음을 보여주는 여러 가지 현상 중에 대표적인 것은 바로 '크라우드 펀딩'이다. 크라우드 펀딩이란 자금이 필요한 개인이나 단체, 기업이 자신의 아이디어를 공개하고 인터넷을 통해 불특정 다수의 사람들에게 소액 투자를 받는 것을 말한다.

평범한 일반인이라면 지금까지는 볼 수 없었던 신상품을 만들거나 사업을 시작하고 싶다는 목표, 혹은 자연 재해로 피해를 입은 아이들이나 가난한 노숙자들을 위한 시설을 세우고 싶다는 꿈을 실현하기 어렵다. 하지만 지금은 크라우드 펀딩 사이트에 자신이 하고 싶은 일을 소개하고 아이디어를 공유하면 모르는 사람들로부터 자금을 모을 수 있다. 유명하거나 부자가 아니더라도 평범한 개인이 프로젝트를 성공으로 이끌고, 심지어 세상을 바꿀 수도 있는 것이다.

크라우드 펀딩은 현재 전 세계적인 흐름으로 일본에서도 마쿠아케, 레디포, 캠프파이어 등 크라우드 펀딩 사이트가 활발하게 운영되고 있다(한국의 경우 2016년 약 174억 원이던 크라우드 펀딩 실적은 2019년 300억 원을 넘어설 것으로 예상된다. 대표적인 크라우드 펀딩 사이트로 와디즈, 크라우디, 텀블벅이 있다.—옮긴이).

또한 평범한 개인이 블로그, 트위터, 인스타그램 등 SNS를 통해 직접 자신의 목소리를 내는 일이 당연시되고 있다. 과거에는 아무도 주목하지 않는 한 사람의 목소리로 치부되고 말았다면, 이제는 그 목소리가 언제 어디로 퍼져나가 영향을 미칠지 알 수 없는 세상이 된 것이다.

이러한 개인의 영향력을 활용한 새로운 광고 전략, '앰버서더 마케팅(Ambassador Marketing)'도 주목받고 있다. 기존에는 유명인의 이름을 빌려 홍보를 했다면 최근에는 유명인, 전문가, 직장인, 대학생 등 각계각층의 사람들을 선정해 이들을 '홍보 대사'로 활용한다. 기업의 제품이나 서비스 개발에 참여하기도 하고, 활동 후 SNS를 통해 입소문을 내게 하는 등 소비자들에게 진정성을 가진 마케팅을 펼치게 한다.

예를 들어 외국계 IT기업 델(Dell)은 '델 앰버서더 프로그램'을 추진한 바 있다. 델 컴퓨터를 좋아하는 일반 소비자들을 신제품 체험 설명회에 초대한 뒤, 그 모습을 SNS에 게시하도록 권장해 상당한 광고 효과를 누렸다.

여기서 더 나아간 것이 바로 '인플루언서 마케팅(Influencer Marketing)'이다. SNS의 영향력이 높아지면서 인기 유튜버, 인스타그램 스타, 파워블로거 등 엄청난 수의 팔로워를 얻고 상상을 초월하는 영향력을 발휘하는 이들이 나타났다. 이들을 바로 '인플루언서'라고 부른다. 이들은 일반인이지만 연예인급의 파급력을 가지고 있어서 직접 상품을 제작해 판매하기도 하고, 팔로워들을 만나는 이벤트를 기획하는 등 사실상 하나의 기업처럼 활동하고 있다. 이들의 영향력이 기존 기업들의 홍보 마케팅을 넘어서게 되면서 이제는 기업에서 먼저 인플루언서들을 섭외하고 자신의 제품 홍보를 부탁하거나 인플루언

서와 그의 팔로워들을 초대하는 이벤트를 기획하기도 한다.

10년 전만 하더라도 평범한 사람이 상품을 판매하거나 이벤트를 개최하는 것은 꿈 같은 일이었다. 하지만 요즘은 거리에 나가 전단지를 돌릴 필요 없이, 트위터나 인스타그램에 글만 올리면 자신의 아이디어를 홍보하고 함께하기를 원하는 사람을 모집할 수 있다. 심지어 그 누구와도 만나지 않고 방 안에서 혼자 모든 준비를 끝낼 수도 있다.

● 여러 개의 명함을 가진 사람들이 늘어나고 있다

개인의 행동력이 비약적으로 커졌다는 사실을 보여주는 또한 가지 변화는 본업과 별도로 여러 가지 부업을 하는 사람들이 늘어나고 있다는 것이다. IT기업 랜서스(Lancers)가 2018년 실시한 조사에 따르면, 조직이나 회사에 고용되지 않고 프리랜서 형태로 부업을 하는 사람이 일본에서만 454만 명에 이른다고 한다. 2018년 부업 프리랜서의 경제 규모 역시 2015년에 비해 약 3배 늘어난 7.8조 엔에 달한다.

최근 들어 취재로 사람들을 만나보면 명함을 두세 장 가지고 다니는 사람들이 많아졌음을 실감하게 된다. 굳이 조직에 속하지 않아도, 퇴근하고 나서 얼마간의 시간을 내서 돈을 벌 수 있다. 글쓰기나 그림 그리기에 재능이 있다면, 인터넷으로 주문을 받아 기업 광고지를 만드는 일을 하거나 로고를 디자인해 제작할 수 있다. 주말에 짬을 내서 컴퓨터로 작곡한 음악을 온라인에서 판매하는 사람도 있다. 내 친구 중에는 직장인이지만 자신의 차를 우버에 등록해서 짬짬이 용돈을 버는 경우도 있다. 남는 시간에 벌 수 있는 돈이 꽤 괜찮다며 주변에도 열심히 권하고 다닌다.

눈앞에 있는 사람은 분명 한 명의 개인이지만 그 사람이 서너 개의 직업을 갖고 있다면, 서너 명의 사람과 함께 있는 것과 마찬가지다. 그렇다면 무조건 많은 사람을 만나려고 하는 것보다 관심사가 비슷하고 여러 분야의 경험을 가진 한 사람과 좋은 관계를 맺는 것이 더 효율적이지 않을까.

회사명이나 직책에 얽매이지 않고 개인의 힘으로 활동할 수 있는 시대다. 이제는 어떤 사람을 만나든 회사나 배경에 얽매이지 말고 그 사람 자체가 가진 경력과 관심사, 그리고 나와의 연결성을 더 유심히 따져봐야 할 것이다.

"

어떤 사람을 만나든 상대의 회사나 배경에 얽매이지 말고

그 사람 자체가 가진 경력과 관심사,

그리고 나와의 연결성을 더 유심히 따져봐야 한다.

"

소통의 고속화
대화하는 장소와 시간을 가리지 않는다

● **변화하는 시대의 속도를 의식해야 한다**

"바로 옆자리에 앉아 있는데, 왜 메신저로 대화를 하나요? 직접 얼굴을 보고 대화해야 제대로 이야기가 되지요. 그건 일방통행이나 마찬가지라고 생각합니다. 일이 제대로 될 리가 없습니다."

"단체 대화방에서 대화를 한다는 게 영 어색하더군요. 속도가 빨라 소외당하는 느낌도 들고요."

"솔직히 시간적인 여유가 없습니다. 지금은 하루하루가 벅찬 상태입니다."

SNS나 모바일 메신저가 중요한 업무 도구가 되었지만 아직도 이런 이유로 거부감을 보이는 사람들이 많다. 특히 변화에 익숙하지 않은 높은 연령대의 대표, 부장 등 리더급에서 자주 들을 수 있는 이야기다.

물론 기업의 리더가 반드시 이런 도구를 모두 능숙하게 사용할 필요는 없다. 시대에 발맞춰 업무 도구는 계속 바뀌기 마련이고, 큰 회사를 움직이기 위해서는 인터넷에만 의존하기보다 정보를 다각도로 수집하는 거시적인 관점도 필요할 것이다. 눈코 뜰 새 없이 바쁜 리더가 스마트폰을 들여다보고 있을 정도로 한가하지 않을 것이라는 점도 이해가 간다.

그러나 많은 사람들이 이용하는 서비스를 조금이라도 접해보지 못하고, 정보를 공유하는 방식의 변화와 속도를 체감하지 못한다면 이것은 큰 문제라고 생각한다.

● 서류에 적힌 내용 이상의 정보는 상대의 입에서 나온다

30년 전에 해외에서 근무했던 나의 아버지는 팩스와 국제 우편으로 연락을 주고받았다. 지금은 어떤가. 주고받는 속도가 1초도 걸리지 않는 메일이 등장했고, 직접 얼굴을 보며 대화를 할 수 있는 인터넷 영상 통신이 대중화되었다. 즉 정보를 전달하는 매체가 바뀌면서 많은 사람들이 빠른 속도로 정보를 교환하게 되었고, 소통하는 양상도 완전히 달라졌다.

예를 늘어 최근 카페에서는 노트북을 바라보며 이야기하는 사람들을 심심찮게 볼 수 있다. 스카이프(Skype)나 어피어인(appear.in) 등 인터넷으로 동영상 중계가 가능한 서비스를 이용하여 거래처 사람과 대화할 수 있게 되었기 때문이다.

외국계 회사에서 근무하고 있는 지인은 아침 일찍 외국에 있는 상사가 온라인 회의를 소집하는 경우가 많아졌다고 한다. 나 역시 이런 방법으로 뉴욕 본사와 연락하기도 하고, 얼굴 한 번 본 적 없는 영국의 리서치 회사에서 '일본의 정치와 경제 상황에 관해 알려달라'라는 인터뷰 의뢰를 받은 적도 있다. 중요한 회의는 미리 자료를 준비하고 사전에 메일로 의견 교환도 하지만 대부분 온라인 회의는 급박한 사안을 다루기 때문에 서로 확인하고 싶은 바를 짧게 공유하고 그때그때 머릿속에 떠오르는 대로 이야기를 나눈다.

팀 내에서는 주로 슬랙(Slack)이라는 어플리케이션을 통해 소통한다. 슬랙은 라인(LINE, 한국 기업 네이버의 자회사인 라인주식회사가 개발한 모바일 메신저로, 일본 내에서 상당히 높은 점유율을 차지하고 있다.―옮긴이)과 유사하지만 프로젝트 관리까지 할 수 있어서 업무용으로 적당하다. 여러 팀원들과 편리하게 소통할 수 있고, 외부의 팀원이나 거래처, 취재 대상 같은 협업자를 초대할 수도 있다.

무엇보다도 이런 도구들을 효과적으로 이용하면 직접 만나서 대화를 하지 않아도 얼마든지 업무 능률을 올릴 수 있다. 사안에 따라 신속하게 대화를 해서 바로 결과물을 함께 수정하고 확인할 수 있기 때문이다. 생생한 정보나 업계의 이슈 같은 '살아 있는 정보'를 빠르게 공유할 수 있고, 메일이나 문서를 작성하느라 시간을 낭비할 필요가 없다. 이모티콘을 활용해 감정까지 전달할 수도 있어서 대화가 부드럽고 한층 긴밀한 관계를 맺을 수도 있다.

해야 할 일이 많고, 협업자가 많아질수록 사람들은 틀에 갇히지 않고 그때그때 명확하게 의견을 나누는 소통 방식에 점점 익숙해질 것이다. 그렇다면 타인을 직접 만나서 대화하는 행위의 가치를 또 다른 각도에서 재검토해봐야 하지 않을까. 이제는 무조건 얼굴을 맞댄 대화만을 가치 있게 여기기는 어렵다.

반드시 얼굴을 맞대고 일해야만 일이 잘되는 것은 아니다. 오히려 세상이 더 빠른 속도로 소통하고 있는 만큼, 어떻게 해야 날로 발전하고 있는 소통 도구를 제대로 활용할 수 있을지 고민해야 할 때다.

"

해야 할 일이 많고, 협업자가 많아질수록
사람들은 그때그때 바로 의견을 나누는
소통 방식에 익숙해질 것이다.
타인을 직접 만나서 대화하는 행위만이
더 가치 있다고 할 수 있을까?

"

워라밸을 추구하는 사람들

일에만 매달린다고 성공하는 것은 아니다

● '일을 잘한다'는 개념이 바뀌었다

나는 매달 비즈니스 관련 서적을 약 20권 정도 읽는데, 한 가지 마음에 걸리는 사실이 있다. 바로 대부분의 책들이 남성 중심의 시선으로 써져 있어서 가족에 대한 이야기는 극히 적다는 점이다.

과거에는 '일을 잘한다'라고 하면 그것은 자신의 모든 시간과 노력을 일에만 쏟아붓는 것을 의미했다. 그래서 야근이나 주말 근무를 마다하지 않고 오래 일하는 것이 성실하고 일 잘하는 지표처럼 받아들여지기도 했다.

그러나 지금은 정해진 시간에 충실히 일하고 퇴근해서 개인적인 시간을 어떻게 잘 보낼 것인가를 고민하는 사람들이 늘어나고 있다. 일(워크)과 삶(라이프)의 밸런스, 즉 '워라밸'을 추구하는 사람들이 많아지고 있는 것이다.

그중에서도 가장 중요한 것은 가족과 함께하는 삶이다. 우리가 일을 하고 돈을 버는 궁극적인 이유는 사랑하는 사람들과 행복하게 살기 위함이기 때문이다. 아무리 몸 바쳐 일한들, 함께할 사람이 없다면 무슨 소용이겠는가. 이제는 사생활을 다 제쳐놓은 채 일에만 매달리는 것이 아니라 일과 사생활을 조화롭게 양립해야 한다.

● 가정에 충실하면 업무에 소홀해진다?

10여년 전, 첫째 아이가 태어났을 때의 일이다.

아내는 출산 후에도 일을 계속하고 싶다는 의사를 분명히 밝혀왔기에, 오랜 상의 끝에 내가 육아휴직을 하기로 했다. 그 당시 신문기자로 지금만큼이나 바쁜 나날을 보내고 있었지만, 용기를 내서 상사를 찾아갔고 결국 4개월의 육아휴직을 받을 수 있었다.

지금도 육아휴직을 신청하는 남성의 비율은 현저히 낮다. 기껏해야 아이가 태어났을 때 단 며칠 출산휴가를 쓰는 게 대부분이다. 10년 전은 어땠겠는가. 특히 언론계는 24시간 뉴스가 들어오는 곳이기 때문에 기본적으로 항상 시간에 쫓기면서 일을 한다. 기자 본인이 먼저 선을 긋지 않으면 밤낮을 가리지 않고 일에 매여 있기 십상이다.

그런 업계에서 육아휴직이라니, 우리의 결정을 들은 주변 반응은 뜨거웠다. "힘들게 쌓아온 경력을 다 버릴 셈이냐"라고 직설적으로 말하는 사람도 있었고, "부인에게 꽉 잡혀 사는 거 아닌가요?"라는 말로 나를 진심으로 화나게 한 사람도 있었다.

최근 일본에서는 여성의 사회 활동 장려와 업무 방식 개혁, 대기 아동(보육 시설에 들어가지 못하고 대기 상태에 있는 아동 - 옮긴이) 해소 등을 소리 높여 주장하는 사람들이 늘고 있다. 비단 일본만의 문제가 아니다. 아시아는 물론, 유럽과 미국에서도 일과 육아의 병행과 관련된 이슈는 뜨거운 감자다. 그러나 본질적으로는 가정에 소홀해질 수밖에 없는 남성 중심의 '장시간 노동'이 사라지지 않는다면 해결되기 어렵다고 생각한다.

● 워라밸은 다시 업무 능력의 향상으로 돌아온다

그런데 노동시간이 줄어들더라도 퇴근 후 곧장 회식이나 모임으로 향한다면 가정생활이나 개인 시간은 소홀해질 수밖에 없다. 사람의 하루는 24시간으로 한정되어 있기 때문이다. 즉 무조건 많은 사람들을 만나 인맥을 쌓기 위해 애쓴다면 우리는 일과 사생활의 양립이라는 과제를 해결할 적절한 대책을 찾기 힘들다.

나는 너무 늦은 밤에 모이는 자리는 피하는 편이다. 아사히 신문사의 기자직을 그만두고 허프포스트 편집장으로 취임한 뒤에는 '회식을 그만두자'라는 취지의 기사를 여러 차례 쓰고 캠페인을 벌이는 등 우리 사회에서 회식을 줄이기 위한 활동을 해왔다.

퇴근 후에는 가족과 함께 식사하거나 아이들의 숙제를 봐주며 조용하게 시간을 보낸다. 외부에서 들어오는 정보를 차단하기 위해 가능한 스마트폰이나 컴퓨터 작업을 하지 않으려고 한다. 당연히 퇴근 후나 휴일에도 긴급 연락은 오지만, 시간을 정해두고 한 번에 모아서 처리한다.

이렇게 해야 일하는 동안 생겨난 긴장이 풀리고 스트레스가 사라진다. 다시 일터로 돌아갔을 때 맑은 정신으로 업무에 집중할 수 있기 때문에 집에서 가족들과 함께하는 시간을 매우 소중하게 여기고 있다.

스탠퍼드대학교나 그 주변의 실리콘밸리에는 밤낮으로 일에만 매진하는 사람들도 있다. 그렇지만 주말이 되면 가족과 하이킹을 떠나거나 바비큐 파티를 하고, 일과 떨어져 생활하면서 사생활과 일의 양립에 관해 진지하게 고민하는 기업 관계자들도 많다. 이제 일에만 매달려 사는 사람은 아무리 유능하더라도 존경받지 못할 뿐만 아니라 언젠가 후회하는 순간에 맞닥뜨린다는 것을 보여준 사람들이 너무나 많기 때문이다.

분명 당신에게도 다시 일할 힘을 주는 무언가가 있을 것이다. 여기에서는 가정생활을 강조했지만 친구나 연인과 함께하는 시간이 될 수도 있고, 반려동물이나 취미 생활이 될 수도 있다. 그 시간을 소중하게 여기길 바란다. 밖에서 만난 유명인이나 임원, 거래처 직원보다 당신의 삶에 더 큰 도움이 될 것이다.

스탠퍼드는 명함을 돌리지 않는다

"
우리가 일을 하고 돈을 버는 궁극적인 이유는
사랑하는 사람들과 행복하게 살고 싶기 때문이다.
아무리 몸 바쳐 일한들,
함께할 사람이 없다면 무슨 소용이겠는가.
"

사색의 힘
사람을 한 명 더 만날 시간에 당신의 내면을 만나라

● **정보의 플랫화 시대**

인터넷과 SNS의 발달만큼 주목해야 하는 현상이 바로 '정보의 플랫화'다. 이 말은 정보를 너무 쉽게 손에 넣을 수 있어서 그만큼 정보의 가치가 떨어지는 현상을 말한다.

2011년 동일본 대지진 때 정치인과 관료들을 취재하면서 가장 인상적이었던 말은 바로 "트위터를 주시하고 있다"라는 말이었다. 트위터는 국내외 언론 보도와 전문가의 견해가 즉각적으로 공유되고, 현장의 생생한 정보도 바로 접할 수 있는 SNS다. 또 중요한 정보는 자연스럽게 '리트윗(retweet, 트위터에 게재된 메시지를 다른 사람에게 전달하거나 추천하는 것—옮긴이)'되기 때문에 사람들이 주목하고 있는 정보는 무엇인지 실시간으로 확인이 가능하다. 물론 그 안에는 유언비어도 있다. 그럼에도 정부에서 트위터의 흐름을 주시했던 이유는 사람들이 무엇을 불안해하고 어떤 정보에 관심을 기울이는지, 즉 민심을 알 수 있기 때문이었다.

당시 총리대신의 보좌관은 트위터를 보고, 방사능 영향을 예측하는 네트워크 시스템 '스피디(SPEEDI)'의 존재를 알게 되었다고 회고했다. 이 말을 들었을 때 국가의 안전에 관한 중대한 정보를 그런 경로로 알게 되었다는 사실에 크게 놀랐다. 극단적으로 말하면, 총리 보좌관이라는 한 국가의 최고 엘리트와 집에서 누워 스마트폰을 보고 있는 고등학생이 같은 정보를 얻을 수 있는 시대가 온 것이다.

검색으로 중대한 정보를 쉽게 찾을 수 있고, 전문가에게 묻지 않아도 스마트폰이 있으면 누구든 지식을 얻을 수 있는, 이른바 정보가 '플랫화'된 사회. 이런 사회에서는 결국 한 명 한 명의 내면이 정보의 최종 검토자인 동시에 완성자가 된다. 떠돌아다니는 정보는 누구나 가질 수 있는 흔한 것이지만 개인의 내면에 여러 정보와 경험, 생각이 함께 섞이고 쌓이면서 누구도 '복사하여 붙일 수 없는' 정보가 축적되는 것이다.

이 말은 곧 외부의 정보를 무한정 받아들이는 것보다 자신의 내면에서 어떤 방식으로 정보를 처리하고 내 생각과 결합시킬 것인지가 더 중요하다는 뜻이다.

● 혼자 생각하는 시간의 힘

미국의 기업가 빌 게이츠는 1년에 두 번 '생각 주간'이라는 휴가를 떠나는 것으로 알려져 있다. 일주일간 외딴 호숫가 별장에 틀어박혀서 여러 주제의 책을 읽으며 오로지 자신의 생각을 정리하는 시간을 갖는다. 마이크로소프트의 중요한 의사 결정은 이 생각 주간을 마친 직후에 내려졌다고 한다.

나는 빌 게이츠처럼 자신의 내면과 진지하게 마주하는 사람일수록 격동의 시대에 강한 힘을 발휘한다고 생각한다.

'우리의 일과 회사에 무엇이 최선이며, 나는 무엇을 하고 싶은가'와 같은 문제를 항상 머릿속에 새겨두고 있기 때문이다.

사실 한 기업의 리더에게 지금 당장 해야 할 일과 급박하게 내려야 할 결정이 얼마나 많은가. 그러나 이 모든 것들을 잠시 차단한 채 조용히 생각할 시간을 갖지 않는다면 우리의 생각과 판단은 새롭게 다시 태어날 여유를 갖지 못한 채 남들과 비슷해질지도 모른다.

인터넷 사회에서는 원하든 원하지 않든 정보에 대량 노출된다. 신문과 텔레비전을 보지 않는 사람도 무심코 시선을 돌린 스마트폰에서 최신 뉴스를 접할 수 있다. 진 세계의 정보가 저절로 손안에 들어오는 현대사회에서는 의식적으로라도 자신의 내면을 들여다보는 시간이 필요하지 않을까.

● 사람을 만나지 말고 당신의 내면을 만나라

신문기자 시절에도, 허프포스트 편집장으로 일하는 지금도 나는 말 그대로 눈코 뜰 새 없이 바쁜 나날을 보내고 있다. 10분 단위로 결정을 내려야 하는 힘든 순간도 많고, 숨 돌릴 틈도 없이 들어오는 최신 정보를 살펴봐야 한다.

그런 중에도 나는 반드시 혼자 있는 시간을 가지려고 노력한다. 혹시 내가 중요한 정보나 반드시 만나야 할 사람을 놓친 것은 아닌지 전전긍긍하기보다는 아주 잠깐이라도 마음속 깊은 곳까지 들어가 내면을 만나기 위해 애쓰고 있다.

빌 게이츠처럼 긴 휴가를 가면 좋겠지만, 일상 속에서 짧은 시간을 내는 것도 충분히 도움이 된다. 약속 장소에서 상대방을 기다릴 때나 일하다가 생기는 잠깐의 여유 시간, 샤워하는 시간 등을 활용하고 있다.

하루 중 즐거웠던 일, 기뻤던 일, 화났던 일, 슬펐던 일 등 모든 상황에 대해 내가 왜 그런 감정을 느꼈는지 곰곰이 생각하기도 하고, 오늘 하루 동안 쏟아져 들어온 정보들을 찬찬히 정리해보면서 연관성이나 미처 발견하지 못한 것은 없는지 따져 보기도 한다. 현재 고민하고 있는 업무의 문제들을 메모장에 적어보면서 복잡하게 엉켜 있던 마음을 최대한 간결하게 정리할 때도 있다.

분명 이런 시간들은 지금 당장 급하게 해야 할 일을 처리하는 시간은 아니다. 그러나 이렇게 자신과의 내면을 만나는 시간을 가져야 정보의 플랫화 시대 속에서 나만의 경쟁력을 갖출 수 있다.

"

떠돌아다니는 정보는 누구나 가질 수 있는 흔한 것이지만

개인의 내면에서 여러 정보와 경험,

생각이 함께 섞이고 쌓이면서

누구도 '복사하여 붙일 수 없는' 정보가 축적된다.

"

제**2**장

핀포인트,
좁고 깊은
인간관계의 힘

일단 상대를 좋아해야 한다. 그러면 모든 것이 순조로워진다.

— 워런 버핏

나는 아사히신문사에 입사한 이후 줄곧 출세에는 그다지 관심이 없었다. 물론 능력을 인정받아 더 많은 권한을 얻는 것은 누구에게나 좋은 일이다. 그렇지만 규모가 큰 조직에서 리더가 되려면 많은 시련을 이겨내야 한다. 사내 인맥을 쌓아 윗사람에게 좋은 인상을 남겨야 하고, 동기들과의 경쟁에서 두각을 나타내야 한다. 하지만 내 성격상 그런 노력들이 영 불편하게만 느껴졌다. 나는 마음이 맞는 사람과 있을 때 내 최대한의 능력을 발휘할 수 있는데 내가 유별난 사람인가 싶어 민망한 마음이 들곤 했다.

특히 현대사회는 얼핏 보면 인맥 몬스터가 활약하기에 더없이 좋은 시대처럼 느껴진다. SNS로 수만 명과 친구가 될 수 있고, 마음만 먹으면 지위나 직책에 상관없이 인맥을 쌓을 수도 있다. 내 주변에도 특별히 유명하지 않은데도 SNS에서 수천 명의 팔로워를 가진 사람들이 생각보다 많다. 신경 쓰지 않으려 해도 나도 모르게 '대단하다, 부럽다'는 생각이 드는 것은 막을 수 없었다.

그렇지만 1장에서 살펴본 것과 같이 이제는 옛날 방식의 성공 공식과 관계 맺는 법을 따르지 않아도 된다는 것을 깨닫고 난 뒤, 마음이 한결 가벼워졌다. 이렇게 생각이 바뀌고 나니 나와 비슷한 방식을 선택하고 성공한 사람들이 눈에 들어오기 시작했다. 실제로 실리콘밸리와 스탠퍼드, 그리고 허프포스트에서 일하면서 만난 전 세계의 탁월한 인재들 역시 마음에 맞는 사람과 어울리는 것만으로도 많은 일을 해내고 있었다. 오히려 마음이 맞는 사람과 돈독한 관계를 유지하지 못하면 할 수 없는 일이 점점 늘어나고 있다. 이제는 핀포인트 인간관계의 시대가 온 것이다.

2장에서는 핀포인트 인간관계란 과연 무엇이며, 실제 비즈니스 현장에서 얼마나 강력한 힘을 발휘하는지 살펴보고자 한다. 핀포인트 인간관계는 경력을 설계할 때, 성공하고 싶을 때 어떤 역할을 하는지 무엇보다도 인간관계로 인한 스트레스를 극복하는 데 얼마나 유용한지 깨달을 수 있을 것이다.

내가 좋아하는 사람과 즐겁게 일하는 핀포인트 인간관계 법칙 3

● 법칙 ❶ 이익보다 '호감'이라는 감정을 중시한다

지금까지는 우리 시대가 어떻게 변화하고 있는지, 그에 따라 업무 방식과 인간관계는 어떻게 변할지에 대해 이야기했다. 이 제부터는 이 책의 핵심인 '핀포인트 인간관계'가 대체 무엇인지 설명하고자 한다.

언론 매체 편집장으로 새로운 사람과 만날 때마다 가장 중요하게 생각하는 것 중 하나가 바로 '호감'이라는 감정이다. 물론 연애할 때 느끼는 감정과는 전혀 다른 의미다. 한마디로 '함께 있으면 마음이 편하다', '처음 만났지만 여러 번 만난 것 같다', '잘 통한다'라는 직관적인 감정을 뜻한다. '핀포인트 인간관계'의 핵심은 바로 이 호감이다.

'이 사람이 내게 어떤 이익을 가져다줄 것인가'라는 이득이나 중요도보다는 '이 사람에게 마음이 가는가'라는 기준 하나만으로 판단한다. 그래서 조금이라도 마음이 안 맞는다는 느낌이 들면, 무리하게 친해지려고 애쓰지 않는다. 억지로 친밀한 관계를 유지하려고 해도 스트레스만 받을 뿐이다.

분명 당신도 마음이 맞지 않는 사람과 관계를 유지하려고 노력한 경험이 있을 것이다. '유명한 사람과 친분을 쌓아야 한다', '앞으로 우리 고객이 될 수도 있다', '중요한 인맥을 갖고 있을지도 모른다' 등의 이유로 억지로 좋은 관계를 이어나가려고 하면 뜻대로 잘되지도 않고 오히려 불편함만 커진다.

사람의 마음이란 게 참 신기해서, 한번 불편한 마음이 생기면 강박관념이 생기고 상대방과 엮이려고 애쓰다가 어처구니없는 실수를 저지르기도 한다. 불편하고 불안한 감정을 억누르고 만나봤자 대화는 점점 형식적으로 흐른다. 그야말로 악순환에 빠지는 것이다.

또 속내를 잘 숨기고 있다고 생각해도 상대방은 의외로 쉽게 알아챈다. 물론 모든 인간관계에는 어느 정도 목적이 있기 마련이지만 목적만 생각하는 사람은 한눈에 알아볼 수 있기 때문이다.

● **법칙 ②** 좋은 사람을 만났다면 깊은 관계를 쌓는다

'핀포인트 인간관계'로 가까워지고 싶은 사람을 만났다면 그 다음 단계는 단지 '아는 사람' 이상의 깊은 관계를 쌓아나가는 것이다.

대부분의 사람들은 닥치는 대로 이 모임 저 모임에 나가 새로운 사람을 만나기 위해 안간힘을 쓰고, 최대한 많은 명함을 주고받으려 애쓴다. 그렇지만 과연 그다음 날 남는 것은 무엇인가? 낯선 사람들 사이에서 느낀 엄청난 피로감과 '시간 낭비를 한 것 같다'는 씁쓸한 느낌뿐이다. 이런 인맥 쌓기는 아무 소용이 없다.

가벼운 연락을 주고받고, 그러다 따로 시간을 내서 만나고, 진지한 대화를 나눌 수 있는 깊은 관계로 점차 발전시켜야 한다. 핀포인트 인간관계는 여기에 더 초점을 맞춘 관계를 추구한다.

여기서 말하는 깊은 관계에서는 얼마나 자주 만나고 자주 대화를 나누느냐는 중요하지 않다. 생각해보라. 1년에 한두 번 만나도 내 고민을 기꺼이 이야기할 수 있는 사람이 있고, 매일 보는 사람이지만 꼭 필요한 업무 이야기 외에는 말도 섞고 싶지 않은 사람도 있다. 관계가 끊어지지 않고 오래 이어지도록 노력할 필요는 있겠지만 '깊은 관계'에서 중요한 것은 호감과 신뢰이지 연락 횟수나 빈도가 아니다.

즉 내가 진정으로 호감을 가진 소수의 사람과 깊은 관계를 맺는 것, 이것이 바로 핀포인트 인간관계의 기본 원칙이다.

유용한 정보를 주고받을 수 있으며, 이직이나 승진을 하려고 할 때 기꺼이 나를 추천해줄 수 있을 만큼 서로 잘 알고 신뢰를 쌓은 사람, 일을 할 때 흔쾌히 도움을 줄 수 있는 사람, 내가 하고 있는 고민을 공감하고 함께 의논할 수 있는 사람을 만들어나가는 것이 핀포인트 인간관계의 목표다.

● 법칙 ❸ 불편한 사람은 '지하철역 개찰구'로 여긴다

같이 있으면 불편하다고 해서 상대방을 회사 밖으로 내쫓을 수는 없다. 마음이 맞지 않더라도 함께 일하는 상사나 동료는 매일 얼굴을 마주해야 한다. 회사 밖에 있는 외부 사람 역시 아무리 피하고 싶더라도 일을 하다 보면 얽힐 수밖에 없는 상황이 생길 수 있다.

그럴 때 나는 상대방을 '지하철역의 자동 개찰구'와 같다고 생각한다. 지하철역의 개찰구는 매일 지나야 한다. 교통 카드나 승차권을 들고 그곳을 통과해야 비로소 하루가 시작된다. 일상을 구성하는 중요한 존재지만, 개찰구는 좋아하거나 싫어하는 감정의 대상이 아니다.

마음이 맞지 않는 사람과의 만남 역시 마찬가지다. 사람을 개찰구에 비유하자니 왠지 미안한 마음이 들긴 하지만 그렇게 생각해야 스트레스를 받지 않고 공존할 수 있다.

오늘날은 가치관이 매우 다양해졌고 조직의 구성원이 빈번하게 바뀌는 사회이므로, 자신과 맞지 않는 사람이 직장이나 학교 등 우리 주변에 있을 확률이 상당히 높다. 마음이 맞지 않아도 그의 장점을 애써 찾으려는 경우도 많지만, 내가 보기엔 오히려 그런 노력이 스트레스를 유발한다. 나의 지인 중에는 상사의 잔소리를 꾹 참고 들으며 어떻게든 이해하고 받아들이려고 노력하다 결국 마음이 피폐해져 휴직계를 낸 사람이 있다. 그러면서도 상사와 잘 지내지 못한 자신을 책망하고 있었다.

다양한 사람을 만나야 하는 것은 개인적 호불호의 문제가 아니며, 현대사회에서는 결코 피할 수 없는 일이다. 더욱이 자신의 개성을 뚜렷하게 드러내기를 두려워하지 않는 데다가 개인의 행동력 또한 커졌기 때문에, 가치관이 다른 사람을 만날 가능성은 상당히 높아졌다.

그러나 타인에게 억지로 맞추려는 행동은 쉽지 않고, 잠깐은 가능할지 몰라도 끝까지 성공하기 어렵다. 그보다는 서로 의미 있게 공존할 수 있는 방법을 모색하는 노력이 더 중요하다.

그런 공존을 위해 필요한 요소는 조금 냉정하게 들릴지도 모르지만, 무관심해질 수 있는 용기다. 나와 맞지 않는 사람에게 괜히 신경 쓰지 말고, 함께 있으면 마음이 편해지는 호감 가는 사람을 곁에 두고 소중히 여겨야 한다. 회사나 조직 내외에서 마음이 잘 맞는 사람과 자주 어울리다 보면, 바로 옆에 불편함을 느끼게 하는 사람이 있어도 크게 신경 쓰지 않게 된다.

회사에서 안 좋은 일이 있어도 집에 돌아가 사랑하는 가족의 얼굴을 보니 마음이 편해진 경험은 누구나 겪어봤을 것이다. 그런 장소, 그런 사람이 있다면 해결할 수 없는 문제나 스트레스에 과도하게 짓눌리지 않고 일을 더 열심히 할 수 있는 원동력이 된다.

오래 즐겁게 일하기 위해서는 일하는 현장에서도 내게 '심리적 안정'을 줄 수 있는 사람을 만들어야 한다. 상사에게 잔소리를 들어도 자신을 이해해주는 선배가 곁에 있으면 잔소리를 듣는 마음 자세가 완전히 달라진다. 본인이 제안한 기획이 계속 거절당해도 기획서 수정을 도와줄 동료가 있다면 스트레스도 줄고 다시 잘해보고 싶다는 힘이 날 것이다.

다시 말해서 마음이 맞는 사람을 찾는 것은 자신과 맞지 않는 사람과 '공존'하는 데 꼭 필요한 일이다.

● 비즈니스 세계라고 논리와 이성만으로 움직이지는 않는다

'감정을 중시하고 호감 가는 사람만 선별해서 관계를 유지해도 괜찮다'라는 말이 비즈니스 상황에는 전혀 맞지 않다고 생각하는 사람도 있을 것이다. '무슨 어린애 같은 소리를 하는 것인가', '그런 아마추어 같은 발상으로는 냉혹한 비즈니스 세계에서 살아남을 수 없다', '불편한 사람이라도 관계를 이어나가는 것이 건실한 사회인의 자세다' 등등 여러 불만의 목소리가 귀에 들리는 것 같다.

비즈니스 현장은 감정에 휘둘리지 않는 냉철함과 이성을 중시한다고 하지만 우리가 사람인 이상 논리와 근거, 데이터 등 객관적인 정보만으로 일할 수는 없다. 개인적인 주관과 감정의 영향을 완전히 배제할 수 없는 법이다.

기업의 리더가 일할 때도 마찬가지다. 경영자들을 만나보면 중요한 결단일수록 결국 개인적인 기대와 바람, 감정을 따라간다. 경영자의 결단이 필요한 일은 대부분 단순 비교가 불가능할 때가 많다. 선택지 중 어느 쪽을 골라도 장단점이 있고 리스크가 있기 때문이다. 이런 결정의 대부분은 경영자가 직접 판단할 수밖에 없는데 그렇다 보니 개인적인 흥미와 관심, 호감에 따라 최종 결정을 내리게 된다.

평범한 회사원이나 프리랜서 역시 논리와 이론만으로 판단하기 어려운 상황은 얼마든지 맞닥뜨릴 수 있다. 미래를 예측하기 어려운 사회에서 최종적으로 결정에 영향을 주는 요인은 본인의 주관적인 생각과 결의다. 사람 대 사람이 만나는 인간관계에서는 주관의 영향력이 더욱 크다. 이것이 비즈니스 현장에서 호감이라는 감정을 배제할 수 없는 이유다.

조직에서 일을 하다 보면 분명 인내가 필요한 상황도 있다. 하지만 그런 인내심과 참을성이 반드시 필요하며, 절대적으로 옳은 미덕이라고 생각하는 것은 그만큼 지금까지의 우리 사회가 '경직'되어 있었다는 뜻은 아닐까.

과거에는 같은 회사 동료나 같은 업계 사람들과만 교류하면서 일했다. 일적으로 만나는 사람을 선택할 수 없으므로 같은 회사에서 만난 동료, 상사와 적당히 잘 어울려야 했다. 업무 역시 신사업이나 단기 프로젝트성 업무보다는 정해진 일을 변함없이 반복해야 하는 경우가 대부분이었다. 그러니 정해진 거래처와 장기적인 관계를 이어나가는 편이 사업에 유리했다. 개인적인 감정은 꾹 참고서라도 조직의 논리에 따르는 것이 올바른 행위라고 여겨졌다.

하지만 앞에서도 언급했듯이 이제 우리가 일하는 사회는 매우 유동적으로 변했다. 이직이나 창업, 부업 등이 빈번하게 이루어지고 있으며, 회사 동료나 상사가 바뀌는 일은 수시로 일어난다. 외부 사람과 연락하는 방법도 훨씬 쉬워졌다. 불편한 감정을 억누르기보다는 함께 있으면 마음이 편해지는 사람과 만남을 이어가며 일하는 것이 가능해졌다.

또한 현대사회는 새로운 기업이 계속 생겨나고, 오랜 역사를 자랑하는 대기업도 경쟁에서 살아남기 위해서는 끊임없이 신사업을 구상해야 하는 압박을 받고 있다. 조직 안에서의 인간관계만큼 조직 밖에서의 인간관계도 무척 중요해졌다. 언제 어디에서 새로운 사람을 만날지 모른다. 그리고 그 사람과의 협업이 나의 일에 얼마나 큰 영향을 미칠지 알 수 없다. 이런 수많은 만남 속에서 결국 오래가는 것은 호감이 가는 사람과의 만남일 것이다.

"

대부분의 사람들이 닥치는 대로 이 모임 저 모임에 나가

최대한 많은 명함을 주고받으려 애쓴다.

그렇지만 과연 그다음 날 남는 것은 무엇인가?

낯선 사람들 사이에서 느낀 엄청난 피로감과

'시간 낭비를 한 것 같다'는 씁쓸한 느낌뿐이다.

"

어디서 일할 것인가
vs 누구와 일할 것인가

● **SNS에 프로필을 올리는 것으로도 이직할 수 있을까**

아사히신문사를 그만두고 허프포스트 편집장이 된 것은 서른여섯 살 때의 일이다.

당시 허프포스트는 갑자기 편집장이 퇴직하면서 그를 대신할 사람을 급히 찾아야 하는 상황이었다. 미국 본사에 있는 간부가 직접 채용을 담당하게 됐는데, 본사 소속이라 일본 언론에 대해 잘 알지도 못했다. 그런데 별로 유명하지도 않은 나를 어떻게 찾아냈을까?

그때 일본에서는 비즈니스 특화형 SNS인 링크드인이 한창 화제를 몰고 있었다. 링크드인은 온라인에 이력서를 작성해두고 구인, 구직 활동을 하거나 업계 정보를 공유할 수 있는 SNS로 북미, 유럽 등지에서는 매우 활발하게 사용되고 있다. 여기에 내 프로필과 언론관을 올려뒀는데, 미국 본사 간부가 우연히 그것을 보게 된 것이다.

링크드인에는 경력뿐 아니라 관심 있는 분야와 미래 비전을 쓰는 칸이 있다. 나는 거기에 '인공지능과 인간 중 어느 쪽이 미디어의 리더에 어울리는가'라는 주제의 글을 올려뒀다. 이 주제는 스탠퍼드 유학 시절 나의 연구 주제였을 만큼 주된 관심사였다.

이 글을 읽은 본사 간부가 '앞으로의 인터넷 언론 편집장은 단순히 기사를 쓰거나 편집만 하는 것이 아니라 가까운 미래의 언론상까지도 생각할 수 있는 사람이어야 한다'라고 판단해서 내게 면접을 제안한 것이다.

언제부터 새 직장을 구하기 시작했냐는 선배의 질문을 받고 돌이켜보니, 내가 한 일이라곤 SNS에 가입하고 프로필과 글을 업로드한 것밖에 없었다. 딱히 이직할 마음도 없었고, 아사히 신문사에서도 만족스럽게 일하고 있었기에 당장 그만둘 이유가 없었다.

만약 SNS를 통해 '나 혹은 우리 조직과 비슷한 고민을 하는 사람'이라는 호감을 주지 않았더라면 아마 허프포스트로 이직하는 일은 일어나지 않았을 것이다. 그러나 지금은 누구든지 인터넷을 이용해 정보를 얻을 수 있다. 즉 핀포인트 인간관계로 뻗어나갈 수 있는 커리어 경로가 상상할 수도 없을 만큼 넓어진 셈이다.

● 이직과 승진에서 진짜 중요한 것

면접을 보러 가서는 억지로 나의 장점을 드러내려고 애쓰지 않았다. 뜻하지 않은 기회였기에 그저 면접관과 회사의 분위기에 호감이 느껴지는지 아닌지로 이직을 정하기로 결심했다.

물론 급여나 본사의 전략 같은 것도 중요한 정보지만, 사실 이런 부분은 실제로 입사해보지 않으면 확실히 알 수 없다. 면접관이 거짓말을 할 의도는 아니었더라도 대체로 좋은 쪽으로 포장해서 말하기 쉽고, 회사의 사정이 언제 어떻게 바뀔지 누구도 장담할 수 없기 때문이다.

더구나 내가 일하는 언론사의 경우, 상황이 급변해서 갑자기 신규 사업을 시작하거나 예산이나 전략이 바뀌는 경우가 종종 일어난다. 그래서 이런 정보보다 입사하면 자주 연락을 주고받으며 함께 일해야 하는 본사 간부가 어떤 사람인지, 함께 일할 마음이 드는지를 두고 판단하기로 마음먹었다.

물론 허프포스트로 이직을 결정할 때는 고민도 깊었고 많이 망설였다. 허프포스트 일본판이 생긴 지 3년밖에 안 된 상황이라 미래도 불안정했고, 이름조차 모르는 사람도 많았다. 큰아이가 초등학교 3학년이라서 앞으로 점차 경제적인 부담도 커질 것이 뻔했다. 아사히신문사에 그대로 있으면 적어도 어느 정도는 안정된 생활을 보장받을 수 있었다.

하지만 면접에서 만난 본사 간부 니콜라스가 입사 후 나의 파트너가 될 거라는 말을 듣자 왠지 그와 좋은 파트너십을 보여줄 수 있으리라는 확신이 들었다. 면접을 통해 이야기를 나눠보니 전혀 다른 문화권에서 자랐고 그동안 일해온 언론사의 성격도 달랐지만 언론관이나 업무 스타일이 매우 비슷해서 함께 일하면 즐거울 것 같다는 기대감이 생겨났기 때문이었다. 면접에서 이런 느낌을 받은 것은 처음이었다.

즉 이직에 결정적인 영향을 준 것은 니콜라스와의 만남이었다. 오로지 이 사람과 같이 일해보고 싶다는 마음 때문에 이직을 결심했다고 할 수 있다. 호감을 중시하는 핀포인트 인간관계의 원칙을 가지고 있었기에 허프포스트 편집장이라는 지금의 내가 존재하는 것이나 다름없다.

내가 사람들에게 핀포인트 인간관계의 원칙에 대해 설명했을 때, 가장 많이 받았던 질문은 바로 "내가 좋아하는 사람만 사귀는데 이직이나 승진할 때 괜찮나요? 불이익은 없나요?"다.

이런 질문이 나오는 것은 이직이나 승진을 하려면 면접자에게 좋은 인상을 주고 내가 싫어하는 상사라도 비위를 맞춰서 어떻게든 기회를 얻어야 한다고 생각하기 때문일 것이다. 좋든 싫든 내 감정은 제쳐놓아야 하는 것 아니냐는 말이다.

곰곰이 따져보자.

조직 내에서 호감을 바탕으로 한 핀포인트 인간관계를 곳곳에 심어뒀다면 상사가 나를 좋게 평가하지 않더라도 어디에서든 기회가 올 수 있다. 상사와의 관계가 좋지 않다면 다른 팀으로 옮겨가기 위해서라도 더더욱 핀포인트 인간관계를 만들어두어야 한다.

이직의 경우는 어떨까. 따질 것도 없이 더욱 유리하다. 업계 안팎에서 나를 좋게 보고 있던 사람들이 좋은 자리에 기꺼이 나를 추천하거나 함께 일할 것을 제안할 것이다. 심지어 "당신과 함께 일하고 싶다"라면서 없는 자리도 만들어서 데려가는 게 이직 시장이다.

이런 면에서 보면 핀포인트 인간관계만큼 이직과 승진, 새로운 경력 개발에 유용한 인간관계법이 없다.

경력 이동에서 중요한 것은 '앞으로 어떤 곳에서 어떤 경력을 만들어나갈 것인가'인 것은 맞지만, 사실 그만큼 중요한 것은 '어떤 사람과 함께 일할 것인가'이다. 아무리 좋은 조직이라도 나와 맞지 않는 사람으로 가득하다면 그곳에서 오래 일할 수 없다. 특히 당신이 어느 정도 경력을 쌓아 이직을 할 때 선택의 폭이 넓은 상황이라면 나와 함께 일할 사람은 누구인지까지 반드시 고려해서 결정하길 바란다.

미국 매사추세츠공과대학에서 MIT 미디어랩 소장을 맡고 있는 이토 조이치는 현대사회를 "지도가 아닌 나침반의 시대"라고 말했다. 획기적인 사업이 끊임없이 생겨나고 사회가 급격하게 변화하면서 경력 설계와 삶의 전략을 세울 때 참고할 수 있는 지도 같은 것은 사라졌다는 뜻이다. 이제는 상황에 따라 임기응변으로 대처하고 자신이 나아갈 방향을 확인하며 지침을 얻을 수 있는 나침반이 더 유용하다. 언제 어디로 갈지 지금은 알 수 없지만 일관된 방향으로 움직이게 하는 나침반이 있어야 한다.

나의 나침반은 '유쾌한 사람을 만나 호감을 느끼면 그와 함께 일하는 것'이다. 불편한 인간관계에 매여 에너지를 소모하기엔 인생이 너무 아깝다. 그보다는 함께 있으면 마음이 즐거워지는 사람과 같이 일하면서 경력을 쌓고 싶다.

● 스트레스 받지 않고 가장 행복하게 일하는 법

오키나와에서 신발 가게를 운영하고 있는 지인 A씨는 매우 독특한 경력을 가지고 있다. 그는 도쿄 출신으로 대학 졸업 후 유명 화장품 회사에 입사했다. 그러던 중 우연히 오키나와에서 어느 건강식품 회사의 사장을 만났다.

이 사장은 직원들을 진심으로 위하는 '대화를 중시하는 경영'을 추구하는 사람이었는데 여기에 반한 그는 화장품 회사와는 전혀 상관이 없는 건강식품 회사로 이직을 했다.

그러다 몇 년 뒤, 후쿠오카 신발 장인을 만나게 됐다. 이 장인은 '손님이 최대한 편하게 신을 수 있는 신발을 만든다'는 경영 철학을 가지고 있었다. 여기에 마음이 끌린 A씨는 그때까지 신발과 관련된 일을 한 번도 해본 적이 없지만 그의 제자가 되기로 결심했다. 수련 끝에 장인 못지않은 실력을 키운 A씨는 지금 오키나와에서 신발 가게를 운영하고 있다.

일반적인 시선에서 보면 그의 행보는 독특하다 못해 중구난방이라 설명하기 어렵고, 과연 미래에 대한 생각은 있는 건지 의아하다.

그러나 그는 내게 이렇게 말했다.

"돌이켜보니 손님이나 직원을 단순히 고객, 직원으로 보는 게 아니라 한 사람의 인격체로 마주한다는 점에서 건강식품 회사 사장님이나, 오키나와 장인이나 똑같더군요. 저는 그런 사람에게 끌리고, 그런 사람들과 함께 일하고 싶었나 봅니다. 사실 인생을 어떻게 살지, 경력을 어떻게 관리할지 생각해본 적은 없습니다. 그저 눈앞에 있는 사람에게 매력을 느끼면 그를 따라다녔을 뿐입니다. 남들이 볼 때는 이상한 사람이라고 할지 모르지만, 사실 일이라는 건 어딜 가나 비슷비슷하지 않습니까. 저는 '저 사람처럼 일하고 싶다' 생각했을 때 제일 즐겁게 일할 수 있었습니다. 그리고 이제는 어디서 무엇을 하든 즐겁게 살아갈 자신이 있습니다."

A씨는 언제 만나든 내가 아는 사람들 중 가장 행복해 보인다. 그럴 수밖에 없는 게 그는 사회인이 된 후 십수 년 동안 항상 자신이 좋아하는 사람과 함께 일을 해왔다. 일이나 인간관계 때문에 괴로울 일이 전혀 없는 셈이다.

만약 당신이 이직을 꿈꾸고 있다면 막막함에 부딪히게 될 때가 있을 것이다. 지금 하고 있는 일이 마음에 들지 않아서 새로운 일을 찾아 도전하고 싶은데, 막상 그 일이라는 게 무엇이 되면 좋을지 본인도 막연해서 길을 잃을 때가 있다. 혹은 어디서부터 시작해야 할지 몰라 답답할 수 있다.

그럴 때 '어떤 일을 하고 싶은가'라는 질문만 던지지 말고 거꾸로 '나는 누구처럼 일하고 싶은가', '함께 일하고 싶다는 느낌을 준 사람은 누구인가'라는 질문을 던져 보기 바란다. 일하면서 만난 사람들 중에 업계는 다르지만 '저 사람과 일하고 싶다'라는 느낌을 준 사람을 떠올려보는 것도 도움이 된다. 그들을 만나 이야기를 나누다 보면 어느새 새로운 길이 보일 것이다.

경력 이동에서 '앞으로 어떤 곳에서
어떤 경력을 만들어나갈 것인가'만큼 중요한 것은
'어떤 사람과 함께 일할 것인가'이다.
아무리 좋은 조직이라도 나와 맞지 않는 사람으로
가득하다면 그곳에서 오래 일할 수 없다.

페이팔 창업의 비밀,
그들의 성공에는 이유가 있다

● 한 명의 팀원이 불러온 놀라운 변화

이느 닐 지인이 '재미있는 사람'이라며 프리랜서 방송 디렉터를 소개해줬다. 그의 이름은 크리스토펠 라게 크란츠로, 스웨덴에서 태어나 스웨덴어, 영어, 일본어, 포르투갈어, 스페인어 등 5개 국어를 구사하는 능력자였다. 무엇보다 인터넷 미디어 업계에서 실력 있는 방송 디렉터로 막 주목받기 시작한 참이었다. 유명세로만 따지자면 내가 아는 방송 디렉터도 몇 명이나 있지만, 그를 실제로 만나보니 일본 사회현상과 제도를 색다른 시선으로 바라보고 있다는 점이 느껴졌다. 외국인인 데다 다양한 나라에서 방송해본 경험이 있어서 일본 디렉터와는 다른 감각과 문제의식을 가지고 있었다.

당시 허프포스트는 영상 콘텐츠 제작에 투자를 하지 않는 상황이라 이 사람과 어떤 일을 해나갈 수 있을지 전혀 감이 잡히지 않았다. 하지만 분명 호감을 느꼈기 때문에 그 뒤로도 편하게 관계를 유지했다.

그러다 우연히 인터넷 서비스 회사에서 의뢰를 받아 영상 뉴스 제작에 도전하게 되었다. 새로운 팀원으로 누가 합류했을까? 예상대로 크리스토펠 감독이 우리 팀으로 들어왔다. 그가 합류한 덕분에 편집부는 우리 사회를 바라보는 새로운 눈을 얻게 되었다.

예를 들어 인터넷 방송 스튜디오 디자인을 구상할 때 일이다. 처음에 완성된 디자인 시안에 다들 만족하고 있을 때, 그가 다른 의견을 던졌다.

"일본의 텔레비전 뉴스 방송은 개성이 없이 모두 비슷한 경향이 있어요. 색다르게 차분한 분위기에서 대화하는 느낌의 방송을 만들어 보고 싶습니다. 스튜디오라기보다 누군가의 방에 놀러온 듯한 편안한 분위기를 연출해보면 어떨까요? 의자만 푹신한 소파로 바꿔도 인상이 확 달라질 겁니다."

BBC나 CNN 등 영미권 방송만이 아니라 스웨덴, 브라질, 노르웨이 방송을 보면서 뉴스 스튜디오 디자인을 연구해온 그에게 일본의 천편일률적인 스튜디오는 너무 답답하고 지루해 보였던 것이다. 그의 의견을 존중해 스튜디오 디자인을 다시 진행했고, 경직된 분위기가 아니라 토크쇼처럼 편히 이야기를 나눌 수 있는 방향으로 수정되었다.

사실 내 눈에는 첫 번째 디자인도 충분히 좋아 보였다. '여기서 굳이 다시 수정을 할 필요가 있을까'라는 생각이 들기도 했지만, 한편으로는 이렇게 항상 일하던 방식대로 하다가는 발전할 수 없을 것이라는 생각이 들었다.

미국에서 만들어진 허프포스트의 특징 중 하나는 우리 사회를 외국의 시선에서 바라보고 뉴스를 보도하는 언론이라는 점이다. 그러나 크리스토펠 감독과의 협업을 통해 이 점을 가장 큰 장점으로 내세우고 있으면서도 무의식 중에 '일본 중심의 시선'으로 세상을 바라보고 있었다는 점을 깨달았다. 그가 미국뿐 아니라 북유럽과 남미 등 다양한 사례에 대해 조사하고 아이디어를 낸 덕분에 조직의 시야가 넓어지고, 허프포스트도 한 단계 발전할 수 있었다.

● 결정적인 순간 나를 도울 사람은 몇 명인가

'결국 일은 사람이 한다'는 말을 들어본 적이 있을 것이다. 절차나 시스템, 논리로 돌아가는 게 조직이고 회사인 것처럼 보이지만 실제로 그 안에서 일하는 사람에 따라 일의 결과는 천차만별로 달라질 수 있다는 뜻이다. 일을 하다 보면 누군가의 말 한마디로 난항을 겪고 있던 일이 술술 풀리기도 하고, 잘되던 일이 어이없이 엎어지는 경우도 있다. 물론 조직의 입장에서는 한 개인에 의해 일의 결과가 좌지우지되는 일은 최대한 줄여야겠지만 실제로 업무를 수행하는 것은 사람의 영역이기 때문에 말처럼 쉽지 않다.

핀포인트 인간관계를 맺게 되면서 '결국 일은 사람이 한다'는 말이 얼마나 핵심을 찌르는 말인지를 절실히 실감하고 있다. 어떤 사람과 관계 맺느냐에 따라 일이 진행되는 속도와 결과가 달라진다. 내가 누군가에게 원고 청탁을 하고 싶을 때 연락처를 알아내는 데 어려움을 겪고 있는 것과 지인을 통해 소개받고 바로 논의를 할 수 있는 것, 둘 중에서 어느 쪽이 더 일의 효율성이 높겠는가? 일이 더 빠르고 쉽게 진행되고, 결과도 좋을 확률이 높은 것은 당연히 후자다.

크리스토펠 감독과의 협업도 마찬가지였다. 단 한 사람으로 인해 조직 전체가 새로운 깨달음을 얻고 과감한 도전을 할 수 있었다. 사실 새로운 아이디어나 프로젝트는 한 개인으로부터 시작되는 경우가 많다. 즉 우리가 어떤 일을 할 때 그 일이 얼마나 잘될 것인지는 결정적인 순간에 나를 도와줄 사람이 얼마나 있느냐와도 깊은 연관이 있다.

● 그들이 승승장구하는 데는 이유가 있다

미국의 기업가 피터 틸은 우연히 스탠퍼드대 강의실에서 엔지니어 맥스 레브친을 만나 페이팔을 창업했다. 그는 실리콘밸리를 움직이는 '페이팔 마피아'를 대표하는 인물로도 유명하다. '페이팔 마피아'는 페이팔을 창립하던 당시에 함께 일하던 일론 머스크, 맥스 레브친, 스티브 첸, 리드 호프만 등이 주축이 된 모임을 말한다. 이들은 현재 페이팔을 모두 떠났지만 각자 테슬라(일론 머스크 창업), 유튜브(스티브 첸 창업), 링크드인(리드 호프먼 창업) 등을 세우고 수많은 회사에 투자해 실리콘밸리는 물론 전 세계의 관심을 받고 있다.

이들은 페이팔을 떠난 이후에도 주말마다 모여 수다를 떨면서 창업이나 투자에 관련된 사항에 대해 자유롭게 논의한다고 한다. 물론 이들은 각자 뛰어난 능력과 자본을 가지고 있어서 혼자 힘으로도 성공할 가능성이 높다. 그런데 이들이 끈끈하게 관계를 맺고 있기까지 한다면 성공 가능성은 기하급수적으로 높아진다. 능력은 물론 각자가 가진 엄청난 정보와 아이디어가 서로의 기반이 되어줄 것이고 똘똘 뭉쳐 업계 전반에 강한 영향력을 행사할 수 있으니 말이다.

그런데 이들이 이토록 오랜 시간 단단한 관계를 맺을 수 있었던 것은 단지 나에게 도움이 될 것이라는 생각에서 비롯된 계산적인 관계가 아니기 때문이었다.

실제로 피터 틸은 한 인터뷰에서 이렇게 말했다.

"저는 페이팔 직원을 모을 때 이력서를 보고 가장 능력 있는 사람을 뽑지 않았습니다. 저는 직원들이 비즈니스 관계가 아니라 인간적인 관계가 되길 바랍니다. 그래서 즐거운 마음으로 함께 일할 수 있는 사람들만 뽑았습니다."

페이팔 마피아는 친구를 동료로 뽑은 것은 아니었지만 '친구가 될 수 있을 것 같은' 사람을 뽑았고 결국 서로의 성공에 디딤돌이 되어주는 든든한 관계로 이어졌다.

이 사례에서 알 수 있듯이 새로운 사업이나 프로젝트를 시작할 계기, 숨겨져 있는 보석 같은 투자처를 알아볼 안목, 조직을 재편성하고 새로운 인재를 끌어들일 기회는 내 옆에 어떤 사람과 깊은 관계를 맺고 있느냐에 달려 있다.

세상에 능력이 있고 똑똑한 사람은 셀 수 없이 많다. 실리콘밸리에서는 더욱 더 많을 것이다. 그러나 기본적으로 '나와 잘 통하는 사람'이라는 호감과 신뢰가 바탕이 되어야 관계가 오래갈 수 있는 법이다. 직책이나 다른 사람의 평가, 훌륭한 경력은 '머리로 이해하는 기준'이지만, 호감이라는 기준은 '마음으로 느끼는 기준'이다. 이 기준에 부합하면 상대가 어디에서 무슨 일을 하고 있든, 얼마나 자주 만나든 이해관계를 따지지 않고 결정적인 내 편이 되어주는 관계를 맺을 수 있다.

"

뛰어난 능력과 자본을 가지고 있다면
혼자 힘으로도 충분히 성공할 수 있다.
그런데 능력 있는 이들이 끈끈한 관계까지 맺고 있다면
성공 가능성은 기하급수적으로 높아진다.

"

누구에게나 내 편 한 명은 반드시 필요하다

● 나를 지지하는 한 사람

"당신 주변에 10명의 사람이 있다면, 7명은 당신에게 관심이 없고, 2명은 당신을 싫어하고, 1명은 당신을 좋아한다"라는 말이 있다. 이 말은 세상의 모든 사람들이 당신을 좋아할 수 없으니 괜히 모든 사람들에게 잘 보이기 위해 애쓰지 말라는 뜻으로 많이 사용된다.

그런데 이 말을 반대로 생각해보면, 누구에게든 '나를 좋아하는 한 사람'쯤은 반드시 있을 것이며, 그 사람마저 없다면이 세상을 살아가는 게 정말로 어렵고 외로운 일이 될 것이라는 뜻이기도 하다.

스탠퍼드는 명함을 돌리지 않는다

내가 핀포인트 인간관계의 원칙을 실천하며 깨달은 것도 같은 맥락이다. 모든 사람과 잘 지낼 수도, 잘 지낼 필요도 없지만 결정적인 순간에 나를 지지해주는 사람이 단 한 사람이라도 있다면 그걸로도 충분하다. 오히려 평소에는 웃는 얼굴로 그럭저럭 잘 지내왔지만 간절히 도움이 필요한 순간에 아무도 손을 내밀지 않는다면 그런 인간관계가 무슨 소용이 있겠는가. '그럭저럭 잘 지내왔다'는 말은 적은 없을지 몰라도 깊은 관계를 맺은 사람이 단 한 명도 없다는 이야기밖에 되지 않는다.

내가 취재로 만난 B씨는 도쿄에서 웹페이지 제작 회사의 영업팀에서 일하고 있었다. 이 회사는 웹페이지를 제작하고 인터넷상에서의 홍보 전략을 컨설팅하는 사업을 주로 진행하고 있었다. 하지만 점차 거래처 회사 내에도 웹페이지 관련 지식을 갖춘 사람이 늘어나 컨설팅 사업 부문이 큰 타격을 받기 시작했다.

사장은 신사업 수익으로 저조한 매출을 보충하기 위해 B씨를 급히 신사업 담당 부장으로 임명했다. 주변에서는 B씨의 승진을 축하했지만 그의 상황은 고립무원과 같았다. 젊은 나이에 파격 승진을 한 그를 질투하는 사람이 대부분이었고, 신사업은 얼핏 들으면 번듯하게 느껴지지만 실상은 무엇을 할지도 정해지지 않은 백지 상태였다.

초조한 상황이었지만 그는 아등바등 대지 않고 침착하게 사업을 검토해나갔다. 그러던 중 실제 웹페이지를 운영할 때 일상적으로 해야 할 잡무를 대신해주는 서비스가 신사업 아이템으로 안성맞춤이라는 사실을 발견했다. 인건비만 들어가는 사업이라 수익률도 무척 높은 편이었다.

그는 이 사업의 가능성을 확신했지만 회사 내부 분위기는 좋지 않았다. 매출이 더 떨어지는 위기 상황에서 그의 사업을 제대로 검토해주는 간부가 아무도 없었다.

그는 나에게 당시의 상황을 떠올리며 이렇게 말했다.

"사업의 수익성이 좋다고 아무리 수치로 설명해줘도 아무도 움직여주지 않더군요. 제가 인맥으로 승진한 것도 아니고, 팀원이 많은 것도 아니라 제 편이 아무도 없었어요. 당시에는 정말 외롭더라고요. 그냥 포기할까 고민하다 보니 나중에는 회사도 다니기 싫어졌습니다."

그런데 그때 그가 곤란한 상황에 처해 있다는 사실을 알게 된 다른 팀의 D선배가 먼저 말을 걸었다.

"신사업이 정말 그렇게 괜찮은 거야? 수치로 정리한 자료를 볼 수 있을까?"

그 선배는 꼼꼼히 자료를 검토하더니 "이거 정말 수익성이 괜찮네. 내가 도와줄게"라고 말했다.

● 그만두고 싶다는 마음도 단 한 명으로 인해 바뀔 수 있다

B씨는 사내에서 '발이 넓은' 타입에 속하는 사람은 아니었다. 다소 내향적인 성격이라서 사람들과 어울려 시끄럽게 떠들기보다 조용히 혼자 일하는 편이었다. 그래서 갑자기 승진했을 때 "그런데 그 사람 도대체 누구야?"라며 궁금해하는 사람도 많았다.

하지만 D선배와는 친밀한 사이를 유지하고 있었다. 같은 부서는 아니었지만 몇몇 프로젝트를 함께 하며 알게 된 사이였는데, 깊이 생각하고 데이터를 꼼꼼히 따지는 업무 성향이 비슷했다고 한다. 신기할 만큼 마음이 잘 맞아서 D선배와는 같이 식사도 하고, 잡담도 나누면서 좋은 관계를 유지했다.

신사업으로 내 편 한 명이 절실했던 B씨에게 D선배의 지지는 엄청난 힘이 되어줬다. 두 사람은 사업의 높은 수익률과 필요성을 정리해서 다시 자료를 만들고, 회의는 물론 잡담을 나누는 자리에서도 동료와 상사에게 계속해서 홍보했다. 무관심한 사람들도 많았지만, 자신을 이해해주는 사람이 있다는 사실만으로도 B씨는 큰 안도감을 느꼈고 스스로도 놀랄 만큼 적극적으로 일을 추진했다. 그는 선배와 함께 사내 직원들을 설득하기 시작하면서 자신의 새로운 모습을 알게 되었다고 말했다.

그렇게 두 사람이 필사적으로 사내를 돌아다니자 점점 분위기가 바뀌어갔다. 마침내 그들의 열정에 설득된 사람들이 하나둘 생겨나 시험적으로 사업을 시작할 수 있게 되었다. 거래처의 평판도 긍정적이었고, 수익도 발생했다. 점차 팀이 커지고, 회사 실적도 좋아지기 시작했다.

그 뒤로 회사의 사세는 확장되어 상장에 성공했으며, 지금은 100억 엔에 가까운 매출을 올리는 기업으로 성장했다. B씨가 혼자 시작한 싸움은 단 한 명의 지지자 덕분에 허무하게 끝나지 않을 수 있었고, 위기에 빠진 기업을 다시 살려냈다.

하지만 B씨에게 이 일은 성공해서 기뻤던 기억보다는 사람 때문에 잊지 못할 소중한 기억으로 남아 있다고 한다. D선배가 없었다면 내 편이 아무도 없다는 외로움과 답답함에 빠져 회사까지 그만뒀을지도 모를 일이기 때문이다. 그랬다면 내향적인 그의 성격상 더욱 의기소침해져서 인간관계에 대한 부담감과 스트레스가 더 커졌을지도 모른다.

● 당신에게도 위로와 힘이 되는 한 명이 있는가

당연한 말이지만, 조직에서 일하다 보면 어떤 일이든 쉽게 되는 일은 없다. 사소해 보이는 일 하나를 하려고 해도 상사를 설득하고 동료에게 협력을 구해야 하며, 거래처나 임원에게 보낼 서류도 여러 번 작성해야 한다. 기약 없이 일에 매달리다 보면 일이 시작하기도 전에 지쳐버리기 일쑤다. 혹여 중간에 일이 잘 안 풀리거나 여러 번 위기를 겪게 되면 될 대로 되라는 마음으로 좌절해버리기도 한다.

그럴 때 우리를 지탱하는 힘이 되는 것은 핀포인트 인간관계로 이어진 동료의 위로와 도움이다. 평소에 호감을 바탕으로 좋은 관계를 맺어왔기 때문에 내가 하는 일의 어려움과 본질을 제대로 이해하고 도움을 줄 수 있다. 함께 일하는 팀원도 마음 깊이 이해하기 어려운 부분을 알아주기도 하고, 전혀 새로운 시각으로 팁을 주거나 중요한 정보를 전달해주기도 한다. 만약 조직에서 풀기 어려운 문제에 맞닥뜨렸다면 정면으로 밀어붙이는 것보다 자신을 이해해주는 사람들과 상의하는 것이 더 현명하다.

최근 들어 부하 직원이나 직속 상사 등 조직 내에서 함께 일하는 사람과 서로 마음이 맞지 않아 괴로움을 호소하는 사람들이 늘어나고 있다. 인간관계는 아무리 노력한다고 해도 그만큼 좋아지는 것이 아니기 때문에 사람의 마음을 더 괴롭게 한다. 그렇지만 같은 팀 안에 사이가 좋거나 마음이 맞는 사람만 있는 경우는 매우 드문 게 현실이다.

바로 옆에 있는 사람이 자신을 동료로 인정해주지 않아 고

독하다고 느껴도 괜찮다. 포기하거나 자신을 책망하지 말고 조직 안팎에서 나와 잘 맞는 핀포인트 인맥을 찾아보길 바란다. 단 한 사람이라도 내 편이 되어줄 사람을 찾는다면 다시 일에 집중할 힘을 얻을 수 있을 것이다.

"

모두가 자신을 동료로 인정해주지 않아

고독하다고 느껴도 괜찮다.

포기하거나 자신을 책망하지 말고

조직 안팎에서 나와 잘 맞는 사람을 찾아

핀포인트 관계를 맺자.

"

스탠퍼드에서 배운
핀포인트
인간관계의 기술

말이라는 것은 참으로 매우 중요하다. 얼마나 중요한가? 그 답은 말 때문에 고립된 인생을 떠올려보면 알 수 있다.

—《화술》, 도쿠가와 무세이

☞ 　　10년 넘게 직장인으로 일하다 다시 대학생이 된 기분으로 들어간 스탠퍼드는 기대했던 대로 흥미로운 수업이 가득했고, 실리콘밸리에서는 개성 넘치고 똑똑한 인재들을 만날 수 있었다. 특히 일본과 미국이라는 전혀 다른 환경에서 다른 문화권의 사람들이 대화하고 관계를 맺는 법을 관찰한 것은 인상적인 경험이었다.

　이 장에서는 스탠퍼드에서 배운 핀포인트 인간관계를 맺는 방법에 대해 설명하고자 한다. 어떻게 최소한의 노력으로 호감이 가는 사람을 찾아낼 것인지, 어떻게 해야 짧은 대화로도 처음 만난 사람과 좋은 느낌을 주고받을 수 있는지 등을 정리했다. 내가 직접 경험하면서 깨달은 방법인 만큼 어려운 이론은 최대한 피하고 누구나 일상에서 쉽게 활용할 수 있는 구체적인 팁을 중심으로 이야기할 예정이다.

나 역시도 일본에 돌아온 이후 지금까지 이 기술들을 최대한 활용하면서 일하고 있다. 그러나 언제 어디에서든, 누구에게나 통하는 무적의 방법 같은 것은 없다. 내가 제안하는 방법을 참고해서 당신의 상황에 잘 맞는 방법을 찾아보길 바란다.

인간관계는 남이 아닌 '나'에서부터 시작한다

● 스탠퍼드 학생들은 무엇이 다른가

나는 허프포스트 일본판 편집장이 되기 직전, 객원 연구원 자격으로 스탠퍼드대학교에서 공부했다.

스탠퍼드대학교가 있는 실리콘밸리는 IT산업의 성지다. 구글, 애플, 페이스북, 트위터 등 기존 시스템을 뒤집으려는 IT기업이 매일 협력과 경쟁을 반복하고 있다. 그 당시 나는 캠퍼스와 실리콘밸리에서 새로운 미디어 사업에 도움을 줄 핵심 인사를 한 사람이라도 더 많이 만나 인맥을 쌓고자 고군분투했다.

공항에 내린 순간부터 의욕이 넘쳤지만, 가장 먼저 나를 엄습한 감정은 절망감이었다. 거대한 산맥들이 내 앞을 가로막고 있는 듯 복잡하게 얽히고설킨 실리콘밸리의 인맥 안으로 뚫고 들어갈 자신이 없었다. 투자자, 사업가, 연구원, 학생, 금융 관계자, 엔지니어 등 직종을 가리지 않고 만났지만, 아무리 많은 사람을 만나봐도 점점 더 길을 잃고 헤매는 기분만 들었다.

그렇게 몇 달을 지내다 문득 한 가지 사실을 깨달았다. 자신도 모르는 사이에 나는 마구잡이식으로 사람을 만나는 '인맥 몬스터'가 되어 있었고, 실리콘밸리에서는 그 방법이 전혀 통하지 않았던 것이다.

어떻게 해야 할까. 한동안 방황하던 내 눈에 스탠퍼드대 학생들의 모습이 들어오기 시작했다.

실리콘밸리의 가장 큰 장점은 수많은 인재의 넘치는 열정과 에너지로, 이 인재들의 대부분이 스탠퍼드대 출신이다. 스탠퍼드 학생들 중 상당수가 사업가가 되기를 희망하고 있었고, 캠퍼스에도 영향력 있는 경영자나 유명 엔지니어들이 드나들었다. 하지만 분위기는 전혀 어수선하지 않고 차분했다.

사실 대학만큼 훗날 사회생활에 큰 도움이 되는 인맥을 쌓을 수 있는 곳이 없다. 그래서 대학 시절에는 공부나 취업 준비만큼이나 동아리, 학회 활동 등을 통해 사람을 많이 사귀는 것이 매우 중요하다. 그러나 '스탠퍼드에서 만난 사람들은 훗날 엄청난 자리에 가 있을지도 모르니 한 사람이라도 더 알아둬

야지'라는 생각을 하는 학생들은 없어 보였다.

물론 졸업 후 하루라도 빨리 회사를 차려 부자가 되고 싶어 하거나 자신의 사업 아이디어를 관심 있게 보고 투자해줄 사람을 찾는 학생들도 있었지만 적어도 내가 만난 사람들은 그렇지 않았다. 대부분은 일이나 사회생활, 인맥 관리는 잠시 잊고 오로지 공부에만 집중했다. 그리고 왜 공부를 해야 하는지, 나라는 사람은 어떤 사람인지, 더 나은 세상을 만드는 방법은 무엇인지, 자신은 무엇을 위해 살아가는지 등에 대한 답을 찾으려 진지하게 고민했다.

● 인간관계는 나 자신을 아는 것에서부터

이런 스탠퍼드대 학생들의 모습은 어떤 사람을 만나 어떻게 관계를 맺을 것인지를 고민하기 전에 더 중요한 것이 있다는 사실을 알려주었다. 그것은 바로 나는 누구이며 어떤 관계를 맺고 싶은지를 잘 알아야 한다는 사실이다.

인간관계라는 것은 결국 내가 어떤 사람을 좋아하는지, 어떤 사람이 되고 싶은지에 관해 자신만의 답을 가지고 있어야 한다. 그래야 나를 스쳐가는 수많은 사람들 속에서 상처받거나 휘둘리지 않을 수 있으며 피상적인 인간관계가 아니라 나를 더 좋은 사람으로 만들고 행복감을 느낄 수 있게 하는 진정한 인간관계를 맺을 수 있다.

호감을 바탕으로 하는 핀포인트 인간관계에서는 나 자신을 잘 아는 것이 더더욱 중요하다. 내가 어떤 사람을 좋아하는지, 이 사람과 좋은 관계를 맺음으로써 무엇을 얻고자 하는지 잘 모르면 핀포인트 관계를 맺을 수가 없다.

당신이 평소 일할 때 데이터를 중요하게 생각하는 사람이라고 치자. 그렇다면 무작정 말로 상대를 설득하려 하는 사람보다는 데이터의 중요성을 잘 알고 수치로 대화하는 사람에게 더 호감을 느끼고 그에게서 배울 것은 없는지 찾아보게 될 것이다. 반대로 데이터를 중요하게 생각하지만 말로 표현하는 부분은 약하다고 생각하기 때문에 그런 부분에서 강점을 가진 사람에게 호감을 느낄 수도 있다.

그런데 내가 무엇을 좋아하고 어떤 사람이 되고자 하는지도 모르는 채 무조건 누군가에게 접근했다가는 알고 보니 잘 맞지 않는 사람이라 피곤하다는 생각밖에 들지 않을 것이다. 이런 만남이 반복되다 보면 인간관계고 뭐고 다 필요 없다는 부정적인 생각에 빠질 수밖에 없다.

핀포인트 인간관계의 기술은 나를 중심에 두지 않고서는 제대로 된 관계를 맺을 수 없다는 것에서부터 시작한다. 그렇다면 이제 궁금한 것은 '어떻게', 즉 방법에 대한 부분일 것이다.

인맥을 만들어나가는 과정과 기술에 대해서는 다음 글에서 좀 더 구체적으로 설명해보겠다.

"

핀포인트 인간관계의 기술은

나를 중심에 두지 않고서는

제대로 된 관계를 맺을 수 없다는 것에서부터 시작한다.

"

핀포인트의 핵심 핀이 될
일곱 명을 찾아라

● **샌드위치 재료를 고르듯 직감을 따라라**

스탠퍼드대학교에서 배운 많은 것 중 가장 중요한 교훈은 '세상에는 복수의 정답이 존재하기에 결국은 자기 스스로 선택해야 한다'는 사실이다. 이 교훈은 스탠퍼드 경영대학원 수전 애티(Susan Athey) 교수의 수업에서 배웠다. 애티 교수는 마이크로소프트 수석 이코노미스트로 일하며 학문적으로나 실제 산업 현장에 관해서나 예리한 통찰력을 보여주는 인물이다.

내가 들었던 강의 주제는 '플랫폼 비즈니스'였다. 그녀는 강의에 케이스 스터디를 많이 활용해서 아마존, 인터넷으로 의류품을 판매하는 조조타운, 온라인 쇼핑몰 라쿠텐 등을 집중적으로 연구했다.

라쿠텐 같은 종합 쇼핑몰은 상품을 구매하는 일반 소비자도 고객이지만, 출점 비용을 내고 물건을 판매하는 소매업자들도 고객이다. 이런 두 고객의 니즈를 충족시켜야 한다는 점이 플랫폼 비즈니스의 난제다. 가령 사이트의 첫 페이지에 최대한 많은 상품을 광고한다면 어떨까. 판매업자의 입장에서는 환영할 만한 일이지만, 그만큼 정보량이 늘어나 일반 소비자들은 어수선한 페이지에서 원하는 상품을 찾아 구매하기까지의 과정이 번거롭게 느껴질 수도 있다.

첫 페이지를 판매업자와 소비자 둘 중 누구의 입장에서 구성해야 할지는 답이 한 번에 나올 수 없는 문제다. 이런 고민은 옳고 그름의 문제가 아니기 때문에, 오히려 선택하기가 더 어렵다. 정답이 없는 문제를 두고 토론할 때 강의실이 열기로 가장 뜨거웠다.

강의 마지막 날, 애티 교수는 이런 말을 했다.

"인터넷 비즈니스의 등장으로 개인과 개인, 기업과 기업이 연계되는 사례가 늘어난 만큼 각자의 '정의'와 '정의'가 서로 충돌하는 상황이 앞으로 점점 더 늘어날 것입니다. 여러분이 비즈니스 세계에 발을 들여놓으면, 정말 옳은 것이 무엇인지 판단하기 어려운 상황에 처할 수 있습니다. 그럴 때는 좋아하는 샌드위치 재료를 선택하듯이 자신의 직감을 믿고 따르는 것이 더 나은 결과를 낳을지도 모릅니다."

스탠퍼드에서 들은 이야기 중 가장 잊을 수 없는 것을 꼽으라면 이 말이라고 할 만큼 이 이야기는 내 머릿속에 강렬한 인상을 남겼다.

● 내가 좋아하는 게 무엇인지 잘 아는 것이 먼저다

2장에서도 언급했지만, 사람이 하는 일은 결국 감정에 좌우될 수밖에 없다. 우리는 보통 어떤 일을 할 때 '좋은 성과를 내는 법'에 대한 정답을 얻길 원하기 때문에 비즈니스 모델이나 예측 자료를 굉장히 많이 검토한다. 그러나 경제와 시장, 사회가 시시각각으로 변하는 시대에 이런 자료들은 과거만큼 중요한 의미를 가지기 힘들다.

더구나 경력이 많을수록 기본적으로 시장이나 이론에 대한 이해도가 높은 편이기 때문에 결국은 이론에 개인의 경험이나 감정이 결합되면서 각자 나름의 판단을 내리게 된다. 즉 자신의 가치관과 삶의 방식이 결정에 영향을 미치는 것이다. 남과 차별화되는 지점은 이런 것에서 비롯되는 것이 아닐까.

인간관계도 마찬가지일 것이다. 결국 어떤 사람이 좋다 싫다, 더 친해지고 싶다는 감정은 개개인의 경험에 따른 판단의 결과다. 그러니 어떤 사람을 사귀어야 한다는 정답은 없겠지만 각자 나름의 기준은 세워두어야 한다.

애티 교수가 "샌드위치 재료를 선택하듯이 자신의 직감을 믿고 따르라"고 이야기했는데, 나는 이 말이 핀포인트 인간관계를 이해하는 핵심이라고 생각한다.

내 주위에 계란 샌드위치를 매우 좋아하는 친구가 있다. 그녀는 달걀의 종류부터 샌드위치에 들어가는 마요네즈의 단맛까지 따지면서 샌드위치 재료를 고른다. 평소 그 정도로 깊이 생각하고 있기 때문에, 언제 어디서든 자신 있게 계란 샌드위치를 골라 맛있게 먹을 수 있다. 낯선 가게에 가서도 실패하는 일이 없어서, 나처럼 고민만 하다 이도 저도 아닌 샌드위치를 받아드는 사람 입장에서는 매번 부러울 뿐이다. 자신의 성향을 제대로 파악하고, 오늘 원하는 것은 무엇인지 그때그때의 감정을 세심하게 포착할 수 있는 사람만이 이를 수 있는 경지다.

사람을 만나는 것도 마찬가지다. 얼핏 '사람을 선택한다'라는 말이 불손하게 느껴질 수 있지만 인간관계든 인생이든 결국 나 자신의 선택으로 만들어가는 것 아니겠는가. 상대를 만났을 때 이론이나 논리를 내세워 계산하기보다는 지금 내가 어떤 감정을 느끼는지, 대화는 어떤 느낌을 주는지 잘 살펴야 수많은 사람들 중에서 '내 사람'이 될 만한 사람인지 제대로 판단할 수 있다.

● 제프 베조스의 '피자 두 판의 법칙'이 말하는 것

'샌드위치 재료론'을 확장해서 생각해보면 또 한 가지 시사점을 얻을 수 있다. 그것은 바로 '특히 기본 재료가 신선하고 맛이 좋아야 정말 맛있는 샌드위치를 만들 수 있다'는 것이다.

보통 사람들은 샌드위치를 고를 때 "아보카도와 새우를 넣을까, 로스트비프를 넣을까" 하면서 메인 재료를 고민하지만 기본적으로 빵과 치즈가 얼마나 맛있는지, 야채는 신선한지가 샌드위치의 맛을 좌우한다.

사람을 사귈 때도 마찬가지로 좋은 사람들을 내 곁에 많이 둘수록 인간관계는 풍요로워지고 스트레스는 줄어든다. 또한 인간관계의 기본 뼈대가 되어줄 핵심 인물들을 얼마나 잘 사귀어두느냐는 핀포인트 인간관계가 뻗어갈 방향과 질을 결정한다.

옥스퍼드대학교 진화인류학과 교수인 로빈 던바는 '던바의 수'라는 인간관계에 대한 아주 흥미로운 연구 결과를 내놓았다. '던바의 수'란 인간의 뇌가 관리할 수 있는 인간관계는 최대 150명이며, 최고로 친한 친구는 5명, 신뢰할 수 있는 친구는 15명, 가까운 친구는 35명이라는 이론이다(내가 내성적인 성향이라서 그런지 최고로 친한 친구, 신뢰할 수 있는 친구의 수가 상당히 많게 느껴진다).

이 이론과 비슷한 이론으로 아마존 창업자 제프 베조스가 제시한 '피자 두 판의 법칙'이 있다. 제대로 소통하면서 유기적으로 일하기 위해서는 라지 사이즈 피자 2판으로 한 끼 식사를 해결할 수 있는 규모로 팀을 구성하라는 뜻이다. 그렇다면 한 팀의 적정 수는 6~7명 정도가 적당할 것이다.

이 두 가지 이야기를 종합해보면 한 사람이 집중적으로 소통하고 관계를 맺을 수 있는 사람의 수는 5~7명 정도라는 말이 아닐까. 내 나름대로 내린 결론은 이렇다.

그래서 나는 핀포인트 인간관계 중에서도 나와 제일 잘 맞고 호감이 가는 사람 일곱 명 정도를 '핵심 핀'으로 설정해둔다. 사실 인간관계를 유지하는 것도 꾸준히 신경 써야 하는 일이기 때문에 너무 많은 인원은 부담스럽다. 핵심 핀이 되는 인물들에게는 오랫동안 좋은 관계를 유지하기 위해 좀 더 신경을 쓴다. 자주 연락을 주고받으면서 안부를 전한다. 업계의 중요한 정보는 물론이고 소소한 정보도 공유하며, 일과 관련된 이야기라면 자주 상의하고 조언을 구한다.

그리고 이들이 소개하는 사람이라면 가능한 만나려고 애쓴다. 만남의 목적이나 지위가 중요한 것이 아니라 내가 '좋아하는 사람'의 제안이기 때문이다.

누구에게든 일면식도 없는 사람과의 만남은 부담스럽고 어려운 일이다. 어떤 사람인지 미리 알아보고 나름의 준비를 해야 할 뿐 아니라 상대를 제대로 파악하기까지 시간과 노력을 쏟아부어야 하기 때문이다.

그렇지만 핵심 핀의 소개라면 일단 믿고 만날 수 있기 때문에 마음이 편하다. 만나봐도 별 감흥이 없으면 그 뒤로 만나지 않으면 그만이지만 대부분은 느낌이 좋다. 이렇게 만남을 이어가다 보면 핵심 핀을 중심으로 인맥이 쭉쭉 넓어진다는 것을 깨닫게 될 것이다.

지금 종이를 꺼내들고 당신의 핀포인트 인간관계에서 '핵심 핀'이 되는 사람을 적어보라. 나에게는 일곱 명이 적당했지만 누군가에는 다섯 명일 수도, 열 명일 수도 있다. 이들과 계속해서 좋은 관계를 이어나갈 수 있다면 굳이 모임에 나가 명함을 돌리지 않아도 당신의 인맥은 마르지 않는 샘이 될 것이다.

"

인간관계의 기본 뼈대가 되어줄 핵심 인물들을

얼마나 잘 사귀어두느냐는

핀포인트 인간관계가 뻗어갈 방향과 질을 결정한다.

"

태도가 모호한 사람은 피하는 게 좋다

● **No만 반복하는 리더**

스탠퍼드에서 참여했던 수업 중 연극 방식을 활용한 워크숍을 하나 소개한다.

이 수업은 교과서나 자료 없이, 학생들을 팀으로 나누어 강사의 지도에 따라 즉흥극을 진행했다. 예를 들어 한 팀은 여섯 명으로 하고 그중 한 명을 리더로 정한다. 이들은 파티 준비를 주제로 세 종류의 즉흥극을 하는데, 리더에게만 규칙이 주어진다.

첫 번째 연극의 규칙은 리더가 어떤 말에도 "싫어(No)"라고 답하는 것이었다.

"파티 음식은 초밥으로 하자."

한 사람의 제안에 리더는 즉각 "No"라고 답했다. 순간 강의실은 웃음바다가 되었다.

"알았어. 그럼 초밥 말고 피자 파티는 어때?"

리더의 거부 반응에 당황한 팀원들은 계속해서 다른 대안을 제시했다.

"그럼 햄버거로 할까? 우리 집에 바비큐 세트가 있는데, 그걸 가지고 갈게."

"싫어."

"음, 햄버거도 싫으면, 핫도그는 어때?"

"싫어."

강의실 여기저기서 탄식이 들려왔다. 아무리 의견을 내놓아도 싫다는 말만 되풀이하는 리더의 태도에 나머지 팀원 다섯 명은 점점 불쾌해하기 시작했다.

"간단하게 과일로 할까?", "술이 없어서 마음에 안 드는 걸지도 몰라. 내가 맥주를 가져갈게" 등등 계속해서 대안을 내놓아도 리더의 대답은 바뀌지 않았다.

시간이 흐를수록 팀원들의 인내심은 한계에 달했고, 그중 한 사람이 큰소리로 말했다.

"그럼 아무것도 먹지는 말고, 일단 다 모여서 수다나 떨면 되겠네. 뭘 꼭 먹어야 하는 건 아니지?"

끝까지 'No'를 외쳐야 하는 리더도, 이를 지켜보던 강의실의 모든 사람들도 결국 웃을 수밖에 없었다.

● 무조건 Yes라고 답하는 리더

두 번째 연극은 리더가 어떤 의견에도 "좋아(Yes)"라고 답해야 한다는 규칙이 주어졌다. 첫 번째 연극과는 달리 대화가 순조롭게 흘러갈 것이라는 기대감이 강의실을 가득 메웠다.

첫 번째 연극처럼 "주말에 초밥 파티를 하자"라는 말을 듣자마자 리더는 "좋아!"라고 답했다. 조금 전까지와는 전혀 다른 태도에 다른 팀원들도 기분이 좋아졌다. 모두 의욕에 넘쳐 다양한 의견을 자유롭게 내놓았다.

"슈퍼마켓에서도 초밥을 팔지만, 일본인들은 집에서 직접 만들어 먹기도 한대. 우리도 그렇게 해보는 게 어때?"

물론 리더의 대답은 "Yes"였다.

"좋아!"

"내 친구 중에 일본인이 있는데, 그 친구 집에 초밥 만드는 도구가 있어. 그 친구도 부를까?"

"좋아!"

"그럼 난 생선이나 김 같은 재료를 사서 갈게. 우리 집 근처에 일본 상품을 파는 슈퍼가 있거든. 날생선을 못 먹는 사람도 있을 테니까 아보카도도 사갈게."

"좋은 생각이야!"

"정말 재밌겠다. 그럼 초밥 먹으면서 각자 연구 주제에 관해서도 이야기해볼까? 서로에게 도움이 될 것 같은데……."

"좋아!"

연극은 점점 흥미로워졌고, 파티 준비는 순탄하게 끝이 났다. 예상대로 가장 분위기가 좋은 연극이었다.

● 최악의 리더는 태도가 모호한 리더다

두 번째 연극이 끝나고, 드디어 마지막 연극이 시작됐다. 마지막 연극에서 리더는 무조건 "좋아, 그렇지만(Yes, but……)"이라고 말하라는 지시를 받았다. 두 번째 연극으로 분위기가 반전되어 다들 의욕에 넘쳤던 것으로 기억한다.

"주말에 초밥 파티를 하자!"

규칙대로 리더는 "좋아, 그런데 말이야……"라고 답했다.

"그런데 뭐가 문제야?"

나머지 학생들이 일제히 물었다. 리더는 우물쭈물 말을 흐렸다.

"아니. 나는 초밥을 좋아하지만, 못 먹는 사람도 있을 것 같아서……."

팀원들도 물러서지 않았다. 첫 번째 연극에서 "싫어"만 외쳐대던 리더의 태도에 면역이 생겼는지, 끈기 있게 리더를 설득했다.

"알았어. 그럼 초밥을 못 먹는 사람을 위해서 아보카도도 준비하자."

"좋아, 그런데 말이야……."

"이번엔 또 뭐가 문제지?"

"아보카도를 싫어하는 사람도 있으면, 어쩌지?"

리더의 태도가 분명하지 않았다.

"혹시 초밥을 싫어하는 거야?"

"아니. 아까도 말했지만, 난 초밥을 좋아해. 그래도 다양한 의견을 수렴해야 할 것 같아서……."

이런 대화가 반복되면서 끝이 보이지 않자 분위기가 가라앉기 시작했다. 이상하게도 싫다는 말만 반복하던 첫 번째 연극이 오히려 학생들이 간간이 웃기도 하는 등 분위기가 더 밝았다.

왜 그랬을까? 이렇게 미지근한 답변으로 일관하는 태도는 반대를 하는 건지 아니면 찬성을 하는 건지 파악하기 어려워 상대방을 답답하게 만든다. 상대방의 속내를 모르면 사람은 불안해진다. 그래서 냉랭한 분위기가 강의실 전체를 감싸고 있었던 것이다.

개인적으로 세 번째 연극이 가장 충격적이었다. 앞에서 봤듯이 리더가 "No"만 되풀이하더라도 나머지 팀원들은 핫도그, 햄버거 등 다양한 대안을 내놓았다. 그저 연극 자체만 놓고 생각해도 블랙 코미디처럼 의외로 꽤 재미있었고, 두 번째 연극과는 다른 형태의 새로운 아이디어도 나왔다.

반면 마지막 연극에서 리더는 언뜻 찬성하는 것처럼 보이지만, 이런저런 뒷말을 덧붙였다. 그러자 리더를 설득하려는 학생들도 다른 대안을 생각하지 못하고, 초밥이라는 첫 번째 의견만 고집했다. 대화는 점점 폐쇄적으로 변해 뚜렷한 결론을 내지 못한 채 끝나고 말았다.

● 태도가 모호한 사람과는 좋은 관계를 맺기 어렵다

사람마다 피하고 싶은 유형이 다르겠지만, 나의 경우는 '좋아, 그렇지만(Yes, but……)' 화법을 사용하는 사람, 태도가 모호한 사람과는 친밀하게 지내지 않는다. 아주 사소한 대화라도 상대의 생각을 알 수 없어 제대로 된 의사소통을 하기 힘들기 때문이다.

이런 사람들은 상대가 하는 말을 순간적으로는 받아들이는 것 같지만, 곧바로 이유를 덧붙여 보류한다. 그러면서도 왜 보류를 하는지, 혹시 보류가 아니라 반대하는 것은 아닌지 등등을 절대로 설명해주지 않는다. 정확한 의견을 알 수 없기 때문에 대안을 제시하는 식의 발전적인 대화를 하기가 어렵다.

물론 일을 하다 보면 신중해야 할 때도 있고, 여러 가지 사항을 검토하고 주의해야 하는 것은 맞다. 하지만 그런 상황이라면 처음부터 "싫어"라고 말하는 사람이 더 낫다. 아니면 우려되는 지점을 명확히 짚어줘야 한다. 찬성하는 줄 알았는데, 사실은 그렇지 않다는 것을 알게 되면 상대방은 당황할 수밖에 없다.

더구나 상대의 생각을 제대로 알 수 없다는 사실은 듣는 사람으로 하여금 상대의 생각을 '추측'하게 만든다. '왜 이런 말을 하는 거지?', '반대하고 싶은데 내 눈치를 보는 건가?', '이게 무슨 뜻이지?' 등등 눈치를 보고 추측을 하는 동안 쓸데없는 감정의 소비를 겪어야 하고, 피곤해진다.

이렇게 되면 핀포인트 인간관계를 형성할 수가 없다. 핀포인트 인간관계는 '상대에게 호감이 가는가'라는 굉장히 주관적인 느낌, 직감을 중요하게 생각하는 인간관계인데 상대를 살피느라 어떤 감정을 제대로 느낄 수 없기 때문이다. 더구나 이런 대화 자체가 가져오는 피로 때문에 상대에게 호감을 느끼는 경우 자체가 거의 없다.

물론 이런 결론이 당신에게는 맞지 않을 수도 있다. 그렇다면 당신만의 규칙을 만들어보길 바란다. 일종의 '최저 기준선'을 미리 정해두는 것이다. 새로운 사람을 만났을 때, 어떤 화법을 구사했을 때 호감이 가지 않았는지 생각해보고 최소한의 기준을 설정해두면 관계 맺는 부담이 한결 줄어든다.

"

상대의 생각을 제대로 알 수 없다는 사실은
듣는 사람으로 하여금 상대의 생각을 '추측'하게 만든다.
'왜 이런 말을 하는 거지?' 하고 눈치를 보는 동안
쓸데없는 감정의 소비를 겪어야 하고, 피곤해진다.

"

일단 명함을 교환하지 말고 대화를 시작한다

● 무조건 명함을 교환할 필요는 없다

미국 실리콘밸리는 최근 수년간 일본이 주목하기 시작한 지역 중 하나다. 2014년, 스탠퍼드대학교에서 유학하는 동안 출장이나 이직으로 실리콘밸리에 오는 사람들을 굉장히 많이 만났다. 당시 샌프란시스코 총영사관 자료에 따르면, 실리콘밸리를 포함한 샌프란시스코 주변 지역의 일본계 기업은 2007년에 516개였으나 2014년에는 815개로 늘었다. 자동차 및 컴퓨터 제조 회사, 식품 회사 등 많은 일본 기업의 경영인들이 샌프란시스코를 방문한 것으로 기억한다.

그러다 그들의 안내를 몇 번 맡기도 했다. 실리콘밸리를 찾

스탠퍼드는 명함을 돌리지 않는다

은 사람들을 차에 태워 여기저기 투어를 해주고, 여러 모임에 함께 가서 내가 알고 있던 실리콘밸리 사람들을 소개시켜주기도 했다. 이때 현지 사람들을 소개하기 전에 내가 제일 먼저 조언한 것은 바로 '처음 만났을 때 반드시 명함 교환부터 할 필요는 없다'였다.

물론 미국에도 명함은 있다. 하지만 기본적으로는 악수나 가벼운 이야기로 대화를 시작한다. 특히 실리콘밸리에서는 상대방과 처음 만나면 직책이나 직함을 말하면서 소개를 하는 것이 아니라 누구나 쉽게 대화에 참여할 수 있는 가벼운 소재의 이야깃거리를 꺼내는 사람이 많다. 이를테면 현재 빠져 있는 재미있는 일, 업계의 새로운 소식, 주목하고 있는 스타트업 기업 등이 화제에 오른다.

일본에서도 명함의 중요성은 점점 줄어들고 있다. 과거에 비해 직함이나 연락처, 회사 주소나 메일 주소가 자주 바뀌기 때문에 명함에 적힌 정보가 부정확해지는 경우가 많다. 더욱이 페이스북이나 링크드인 같은 SNS를 활용하면 명함이 없어도 서로 연락을 주고받는 데 전혀 어려움이 없다. 필요하면 그 자리에서 바로 각자의 노트북을 열고 메일 주소를 물어봐서 자료를 교환할 수도 있다. 굳이 명함을 주고받을 필요가 사라지고 있는 것이다.

하지만 습관이라는 것이 참으로 무서워서 머리로는 이해하지만 일단 명함을 교환하지 않으면 뭔가 어색한 느낌이 든다. 행여나 자기 혼자만 명함을 꺼내지 않으면 상대방이 무례하다고 생각할까 봐 걱정되기도 한다.

그래서 나는 일단 명함은 교환하되, 회사명이나 직함에 신경 쓰지 않고 관심 있게 본 최신 뉴스 같은 업무와는 직접적으로 관련 없는 주제로 이야기를 시작하려고 애쓴다.

이런 부담 없는 대화를 통해 상대방과 가까워지면 의외의 일면을 보게 될 때도 있다. 유서 깊은 인쇄 회사에서 근무하는 고지식하고 진중한 인상의 직원이 부업으로 취미로 댄스를 배우고 있다거나 디자이너가 꿈이라는 의외의 사실을 알게 되기도 있고, 고향이 같다는 것을 발견한 적도 있다.

핀포인트 인간관계를 맺을 만한 사람인지 아닌지를 파악하려면 그 사람이 개인적인 이야기를 하도록 유도하여 친밀감을 높여야 한다. 그러기 위해서는 명함과는 무관한 주제로 대화를 빨리 전환하는 요령이 필요하다.

● **스탠퍼드 교수가 알려준 스몰토크 잘하는 법**
스탠퍼드대학교 교수의 초대를 받아 파티에 갔다가 그 교수에게서 이런 이야기를 들은 적이 있다.

"유학생들을 많이 만나보면 문화권별로 특징이 있는데, 아시아 사람들은 수줍음을 많이 타서 그런지 스몰토크에 익숙하지 않은 것 같습니다."

'스몰토크(small talk)'는 파티나 모임 혹은 직장에서 잠깐 마주친 사람과 소소하게 나누는 일상적인 잡담을 말한다.

사실 미국에 가서 놀란 점이 이들은 누구와 만나든 어색해하지 않고 자연스럽게 스몰토크를 나눈다는 점이었다. 짧게나마 대화를 해야 할 것 같은데 도대체 무슨 이야기를 꺼내야 할지 몰라 고민하는 동안 자신의 취미, 새로 발견한 레스토랑, 주말 계획에 이르기까지 정말 부담 없이 대화를 이끌어나가고 농담을 던진다.

"교수님 의견에 일리가 있습니다. 실제로 일본에서는 스몰토크에 대해 알려주는 책들이 인기가 굉장히 많습니다."

내가 이렇게 말하자 교수는 스몰토크에 능숙해지고 싶다면 다음과 같은 세 가지 주제에 대해 미리 생각해보고 대화 주제를 준비해두라고 권했다.

❶ 틀에 박힌 자기 소개는 버려라

보통 처음 만났을 때 자기 소개를 하게 되면 소속이나 업무 위주로 이야기를 하게 된다. 특히 기업에서 파견된 사회인 유학생은 아무래도 회사나 직함을 밝히면서 대화를 시작하게 되지만 그것은 절대 금물이라고 말했다.

대신 '어떤 일에 가장 열정을 쏟고 있는지'를 생각해보라고 조언했다. 예를 들어 아사히신문 기자라고 이야기를 꺼내는 것이 아니라, "폐쇄적인 일본 사회에서 누구나 자유롭게 발언하고, 의견을 활발하게 주고받는 사회를 만들고 싶다"라고 말을 꺼내라는 것이다. 자신이 속한 업계가 안고 있는 사소한 과제를 언급하고, 그 문제를 어떻게 해결할 수 있는지 설명하면서 자기 소개를 하나의 이야기로 표현할 수 있으면 더욱 좋다.

❷ 가장 무난한 소재는 의외로 음식이다

음식에 관한 대화는 실패 확률이 낮고, 모두가 즐겁게 이야기할 수 있다. 누구에게든 즐겨 찾는 식당이 한두 군데쯤은 있는 법이니 어떤 곳인지, 간판 메뉴는 뭔지 미리 생각해두면 좋은 담소 주제가 된다.

나는 특히 다른 팀 사람들과 식사를 하러 갈 때 "회사 근처에서 제일 좋아하는 식당은 어디에요?", "요새 새로 찾은 괜찮은 식당 있어요?"라는 질문 던지기를 좋아한다. 업무상 일은 같이 해봤어도 막상 함께 식사를 하려고 하면 어색함을 풀기가 쉽지 않은데 이 질문은 하는 사람도, 받는 사람도 부담없기 때문이다. 어디에나 있는 프랜차이즈 식당이 아니라 근처에서 오래 생활한 사람만 알고 있는 정말 괜찮은 식당을 서로 추천해주면 그야말로 '꿀팁'을 공유한다는 기분 좋은 느낌을 받을 수 있다.

또한 종교나 신념 때문에 먹지 않는 음식이 있다면 이런 이야기를 통해 자신에 대해 좀 더 깊이 있게 이야기할 수 있다. 이런 이야기를 잘 들어두었다가 상대를 다시 만났을 때 배려해준다면 더욱 좋다.

❸ 상대방에게 묻고 싶은 것은 무엇인가

이 주제가 가장 중요하다. 교수는 상대방에게 적어도 세 가지 질문을 던질 수 있다면 더할 나위 없다고 조언했다. 담소의 비결은 '말을 잘하는 것이 아니라 질문을 잘하는 것'이라고 덧붙이기도 했다.

상대방에게 하는 질문은 앞에서 언급했던 것처럼 일이나 식당에 관한 질문도 좋고, 최근 읽은 책이나 좋아하는 영화에 대해서도 물어볼 수 있다.

그리고 성공 확률이 높고 상대의 관심을 끌 수 있는 좋은 질문 중 하나는 '내가 정말 궁금해서 물어보는 것'이라는 뉘앙스를 전달하는 것이다. 예를 들어 "아, 우리 조카가 그쪽에 관심이 굉장히 많은데, 대학원에 갈지 바로 취직을 할지 고민하고 있어요. 그 업계는 대학원에서 공부를 해두는 게 좋나요?"라고 물어보는 것이다. 그러면 대부분은 경험에서 비롯된 이야기를 해주기 때문에 대화의 내용도 재미있고, 무척 유용하다. 대화 자체가 즐겁게 술술 흘러간다.

어떻게 대화를 하느냐에 따라 상대방에 대한 인상도 달라진다. 자연스러운 스몰토크로 대화를 시작할 수 있다면 핀포인트 인간관계를 구축할 때 큰 도움이 될 것이다.

"

직장인은 아무래도 자기 소개를 할 때

회사나 직함을 밝히면서 시작하게 되지만

그것은 옛날 방식이다.

대신 어떤 일에 가장 열정을 쏟고 있는지 생각해보고

대화의 주제로 삼아라.

"

자신만의 비즈니스 코치를 찾아라

● 학생이든 직장인이든 비즈니스 코치는 필요하다

스탠퍼드 학생들, 실리콘밸리의 여러 기업가와 교류하면서 알게 된 놀라운 점은 생각보다 많은 사람이 비즈니스 코치를 두고 있다는 사실이었다. 여기서 말하는 비즈니스 코치는 일에 관한 상담자 같은 존재로, 상대방의 의지를 북돋워주고 복잡하게 얽힌 문제를 같이 정리해주는 사람이다.

미국에는 경영자 옆에서 여러 도움을 주는 유명 비즈니스 코치도 꽤 있을 만큼 익숙한 개념이다. 나 역시 어디선가 들은 기억이 있지만, 기업의 CEO나 임원들에게 전속으로 고용되어 가죽 의자가 놓인 사무실에 앉아 심각한 표정으로 회의하는 사람이라는 선입견을 갖고 있었다.

그런데 스탠퍼드에서 만난 학생들 중 이미 자신의 비즈니스 코치를 두고 있는 학생들이 있었다. 그중 한 명은 아이패드를 활용한 농업 지원 사업을 꿈꾸는 여학생이었다. 내심 '학생인데 벌써부터 비즈니스 코치가 필요할까?'라는 의문을 가지고 있던 나는 아직 일을 시작한 것도 아니고 수입도 없는데 너무 이르지 않냐는 질문을 조심스레 던졌다. 그 여학생은 다소 놀라는 얼굴로 나를 쳐다보더니 이렇게 말했다.

"제 비즈니스 코치는 제 지인입니다. 특별히 전문 자격증을 소유한 사람이 아니라 소소하게 용돈 정도 버는 부업으로 비즈니스 코칭을 하고 있습니다. 그래서 저도 지금 당장 사업을 시작할 건 아니지만 앞으로의 계획에 대한 조언을 듣고 싶어서 종종 대화를 나누고 있어요. 스카이프로 일주일에 30분 정도 이야기를 주고받습니다."

경영인만 비즈니스 코치를 둔다고 생각했던 나에게는 신선한 충격이었다. 그렇지만 일종의 멘토와 비슷하게 일과 관련된 대화를 중점적으로 나누는 사람이 비즈니스 코치라고 생각한다면 일을 하고 있는 사람 누구에게나 필요한 존재일 것이다.

● 백악관의 고민, 카페의 고민

호기심에 나도 그 코치를 소개받아 코칭을 받아보았다.

나는 주로 두 가지를 이야기했다. 먼저 당시 대학 생활에서 겪고 있는 작은 고민을 털어놓았다. 스탠퍼드에는 듣고 싶은 강의가 너무 많아서 어떤 수업을 들어야 할지 모르겠다고 말했다. 두 번째는 고민보다 푸념에 가까웠다. 스탠퍼드에서 지내는 시간이 길어질수록 '일본에는 왜 실리콘밸리 같은 곳이 없을까' 하는 생각이 들면서 마음이 답답해졌다. 스탠퍼드대학교 같은 학문의 전당과 세상을 놀라게 할 만한 IT기업이 같은 지역에 있어 우수한 학생들과 기업가들이 함께 어울리는 모습이 부럽다는 이야기를 털어놓았다.

코치는 내 이야기를 신중하게 들은 뒤에 이렇게 말했다.

"당신의 고민은 두 종류로 나눌 수 있겠군요."

그는 사람의 고민은 모두 '백악관의 고민'과 '카페의 고민'이라는 두 종류로 나눌 수 있다고 설명했다. 예를 들어 '전쟁을 없애자', '빈부 격차를 줄이자' 등 대통령이 전문가나 관료들과 함께 해결책을 찾느라 골머리를 앓고 있을 법한 세계적 차원의 과제가 '백악관의 고민'이다. 당연한 말이지만, 한 개인이 해결하기란 매우 어려우며 조금 과장해서 말하면 인류의 영원한 숙제나 마찬가지다. 반면 카페의 고민은 친구나 상사 혹은 가족과 카페에 앉아 커피를 앞에 두고 이야기하면서 해결책을 찾을 수 있는 문제를 말한다. 상당히 흥미로운 비유라는 생각이 들었다.

그는 두 가지 고민 중 '일본에는 왜 실리콘밸리 같은 곳이 없을까'는 '백악관의 고민'에 해당한다면서 "그 문제는 당신이 일본 총리가 됐을 때 생각하는 게 좋겠다"라고 답했다.

어떤 수업을 들으면 좋을지 모르겠다는 고민에 대해서는 나와는 전혀 다른 성향의 동기생 두 명 정도와 커피를 마시면서 그들에게 '내가 들으면 좋을 것 같은 수업을 추천해달라'고 부탁해보라고 했다.

생각해보면 특별할 것 없는 조언이었지만, 내 고민에 대해 타인이 객관적으로 의견을 준다는 것 자체에서 오는 신선함이 있었고 상당히 명쾌한 느낌을 받았다.

또한 이 경험은 아무나 붙잡고 의미 없는 수다를 떠는 것이 아니라 '고민을 공유한 뒤 대안을 제시한다'는 목표를 염두에 둔 대화의 중요성을 깨닫게 해주었다.

친구나 가족, 주변 동료에게 사소한 고민을 털어놓는 것은 누구에게나 흔히 있는 일이다. 일시적으로 스트레스 해소에 도움이 되기는 하지만 대부분은 장황하게 이야기가 늘어지는 경우가 많아 결국 무슨 이야기를 하고 있었는지, 그래서 결론이

뭔지 모호하게 끝날 때도 적지 않다. 어떤 의미도 얻지 못한 채 이야기를 하는 사람도, 듣는 사람도 우울해지거나 피곤함만 느끼면서 대화가 끝나버린다.

군이 비용을 지불하면서까지 코치나 멘토를 고용하는 것은 아니더라도 내 주변의 지인들과도 얼마든지 의미 있는 대화를 나눈다면 더 좋지 않을까. 대화의 주제와 목표만 있다면 지금까지와는 꽤 다른 수준의 대화를 할 수 있다.

● 마음이 맞는 지인에게 코치를 부탁해본다

일본에는 신입 사원에게 선배 사원을 멘토로 붙이는 '멘토 제도'를 시행하는 기업이 있다. 이런 제도가 없어도 같은 팀 안의 비슷한 연배의 선배나 상사가 지도를 해줄 수 있지만, 회사 조직 형태나 인맥을 형성하는 방식이 빠른 속도로 변하고 있어서 제도가 있고 없고의 차이가 크다. 한 회사에서 평생 근무하는 평생 직장 개념이 사라진 만큼 직장 동료와 친밀한 관계를 맺기란 쉽지 않고, 개인주의 성향이 강해지면서 직장에서 상담을 청할 만한 상대를 찾기 어려운 경우가 많아졌기 때문이다. 실제로 멘토 제도를 실행한 기업들의 만족도가 상당히 높은 편으로, 입사 3년 이내 이직률이 많이 떨어졌다고 한다.

보통 멘토, 비즈니스 코치라고 하면 성공한 사람, 존경할 만한 사람이어야 한다고 생각하지만 그럴 필요는 없다고 생각한다. 앞서 언급한 대로 지인, 친구들도 그 역할을 해낼 수 있다. 중요한 것은 어떤 대화를 하느냐일 것이다.

말하는 사람은 현재의 고민과 약점 혹은 무슨 문제를 겪고 있는지 솔직하게 이야기하고 타인의 시각에서 조언을 구한다. 듣는 사람은 상대에게 어떤 의미 있는 조언을 할 수 있을지 객관적인 시선에서 고민하고, 답을 찾아나갈 수 있도록 잘못한 점을 지적하거나 도움을 제공하기 위해 노력한다. 이런 식으로 대화할 수 있다면 기존과는 다른 대화를 할 수 있다.

특히 핀포인트 인간관계로 만난 사람이라면 상대방과 통하는 부분이 많기 때문에 이 대화법이 어렵지 않을 뿐 아니라 서로의 커리어에도 큰 도움이 된다.

이런 대화는 길지 않아도 되고 자주 하지 않아도 된다. 가십이나 험담을 늘어놓으며 시간을 보내는 것이 아니라 '오늘은 이런 대화가 정말 인상적이었어'라고 평가할 수 있다면 그것으로 충분하다. 기왕 누군가를 만나야 한다면 이렇게 서로에게 도움이 되는 만남인 게 더 좋지 않을까.

스트레스를 토로하는 가벼운 수다가

도움이 될 때도 있지만

고민을 공유하고 대안을 제시한다는

목표를 염두에 둔 대화를 해보자.

어떤 주제든 능수능란하게 대화하는 사람들의 비밀

● **내가 잘 모르는 주제에 대해 대화하는 법**

스탠퍼드대학교에서 보낸 시간은 길지 않지만, 나는 어린 시절 미국에서 자랐다. 그래서인지 미국과 일본의 대학생별 특징이나 차이에 관한 질문을 자주 받는다. 두 나라 간에 엄청난 차이가 있기를 기대하는 사람도 종종 있지만, 개인적인 경험으로는 그렇게 큰 차이가 나는 부분은 그다지 없었다. 당연한 소리지만 스탠퍼드에는 우수한 학생도 많고 그만큼 불성실한 학생도 많으며, 그것은 일본의 대학도 마찬가지다.

하지만 이 질문을 여러 차례 받다 보니, 다양한 각도에서 양국 학생의 차이에 관해 생각해보게 되었다. 굳이 꼽자면, 스탠퍼드 학생들은 일본 학생들보다 자신이 잘 모르는 분야에 대해 이야기하기를 두려워하지 않는다는 것이 내 결론이다.

예를 들어 내가 미디어 업계에 있는 사람이라는 점을 알게 되면 일본 학생들은 하나같이 일본의 신문사나 방송국 현장에 관한 질문을 했다. 업계 관계자가 아니더라도 구체적인 질문을 던져야 한다고 생각하고, 그렇지 않으면 함께 대화하기 어렵거나 재미가 없을 것이라고 생각하는 듯했다. 물론 상대방을 배려한 질문이기는 하지만 내가 잘 모르는 부분에 대해 이야기해야 한다는 부담감을 지우지 못하는 기색이 역력했다. 또한 여럿이 대화할 때 자신이 잘 모르는 주제가 나오면 쉽게 대화에 끼지 못하고 소외되기 일쑤였다.

반면에 스탠퍼드 학생들은 업계에 대해 구체적인 사항은 잘 모를지라도 자신이 관심 있는 분야에 연관지어 의견을 이야기하거나 아예 추상적인 화제를 던져 대화의 폭을 확 넓힐 줄 알았다. 예를 들어 미디어 업계에 대해서는 잘 몰라도 넷플릭스나 유튜브 같이 콘텐츠 유통 전반으로 화제를 넓혀 이야기를 꺼내는 식이었다.

● 구체성이 오히려 다양성을 저해할 수 있다

스탠퍼드대학교에서 만난 연구원 중에서 일본 기업 및 유학생들과 가깝게 교류하고, 출장으로 온 기업 간부들에게 실리콘밸리를 안내하는 역할을 맡는 등 이른바 '일본통'으로 인정받는 사람이 있었다.

그런데 하루는 그가 "일본 미디어 업계 사람들은 뭔가를 이야기할 때, 지하철과 연관 짓는 경우가 많다"는 말을 했다. 상당히 흥미로운 이야기라는 생각이 들어 일단 차분히 들어봤다.

예를 들어 일본 미디어 관계자에게 "당신이 생각하는 이상적인 어플리케이션은 무엇인가요?"라고 물어보면 "지하철 안에서 뉴스를 볼 수 있는 어플리케이션"이나 "퇴근하는 지하철에서 그날의 경제 뉴스를 귀로 듣는 어플리케이션"이라고 답하는 사람이 많다는 말이었다.

그는 둘 다 훌륭한 아이디어지만, 지하철이라는 지나치게 구체적인 비유가 오히려 이해를 방해한다고 설명했다. 스탠퍼드에는 미국 각지뿐 아니라 세계 곳곳에서 온 사람들이 있다. 그래서 지하철이라는 말을 들었을 때, 출퇴근 시간대에 사람들이 꽉 찬 일본의 만원 지하철을 떠올릴지 아니면 각자 자기 나라의 지하철을 떠올릴지 분명하지 않다는 뜻이었다.

가령 스탠퍼드대학교에서 샌프란시스코까지 가기 위해서는 칼트레인을 타야 한다. 일본의 만원 지하철만큼 혼잡하지는 않아서 가끔 자전거를 갖고 타는 사람을 볼 수 있다. 역무원도 없어서 표를 확인하는 절차가 없으며, 열차가 시간표대로 오지 않을 때도 있는 아주 한가로운 분위기다. 창밖으로 펼쳐지는 전원 풍경을 보고 있으면 마음이 편안하고 여유로워진다. 몸을 옆으로 틀 여유 공간도 없이 지하철 손잡이를 잡고 서서 겨우 버티고 있는 사람들의 모습으로 대표되는 일본의 지하철 풍경과는 거리가 멀다. 같은 미국이라도 스탠퍼드 주변과 뉴욕 지하철 안의 풍경이 다를 것이며, 캐나다 독일은 훨씬 더 많이 다르지 않을까.

어떤 이야기를 하든 구체적인 사례로 이야기해야 듣는 이의 이해도 돕고 흥미를 끌 수 있다고 생각해왔던 내 머릿속에 큰 종이 울리는 듯했다.

지금도 어딘가의 회사에서는 상사가 부하에게 "추상적인 이야기는 피하고 구체적인 사례로 말하라"라는 말을 하고 있을 것이다. 하지만 이 연구원은 "구체성은 다양성을 저해할 수 있습니다. 그 구체성을 제대로 이해할 수 없는 사람도 있으니까요. 오히려 추상적인 화제는 대화의 폭을 확 넓혀버려서 많은 사람이 자유롭게 대화에 참여할 수 있도록 유도합니다"라고 말했다.

맞는 말이었다. 추상적인 대화는 어렵고 모호하게 느껴지는 부분도 분명 있지만, 다양한 해석이 가능하기 때문에 대화 주제에 관해 자세히 알지 못하더라도 대화에 참여할 수 있게 한다는 장점이 있다. 대화의 의도나 맥락과 무관하게 전혀 다른 곳으로 대화가 튈 수도 있지만, 여러 사람이 자유롭게 대화하고 아이디어를 공유해야 하는 자리라면 이런 점은 그다지 단점이 되지 않을 것이다.

● 키워드를 활용하여 상대를 끌어들인다

조직과 업계 밖의 사람들을 만나 핀포인트 인간관계를 넓히려고 한다면 상대방도 부담 없이 대화에 참여해 자신의 이야기를 더 많이 들려줘야 한다. 그런 점에서 스탠퍼드 연구원의 지적은 그동안 내가 해온 대화를 다시 한번 돌아보게 했다.

대화 주제에 대해 잘 아는 사람들이 모여 있다면 구체적인 사례를 중심으로 자세하게 이야기할수록 대화의 내용과 깊이는 더 풍부해질 테지만, 전혀 아는 바가 없는 사람이 들었을 때는 무슨 이야기인지 제대로 이해할 수 없을 것이다. 그렇다면 그는 대화에 낄 수 없으니 소외될 수밖에 없다.

언론계에서 일하는 내가 커피 체인점을 경영하는 사람과 만나 '젊은 세대는 모든 생활의 중심에 스마트폰이 있다'를 주제로 대화를 한다고 치자.

내가 스마트폰으로 뉴스를 보는 현상에 대해 말하면서 종이

신문 판매점은 비효율적이라거나 인터넷 뉴스의 배포 시스템에 대해 이야기한다면 상대방은 여기에 무슨 말을 할 수 있을까? 자기가 아는 분야가 아니니 꿀 먹은 벙어리가 될 수밖에 없을 것이다.

반면 대화가 이렇게 전행된다면 어떨까?

나: 젊은 세대는 대부분 지하철 안에서 스마트폰으로 뉴스를 보니까, 제가 일하는 업계에서는 이 부분이 정말 큰 문제예요.

상대방: 그렇죠. 큰일이겠네요.

나: 이게 저희 업계만의 고민은 아닐 겁니다. 확실히 스마트폰이 등장하고 난 후부터 뭐든지 집 밖에서 해결하는 '아웃도어 소비'가 늘어났으니까요. 신문도 집 거실에서 보는 게 아니라 지하철이나 카페에서 틈틈이 보는 거죠.

상대방: 그러고 보니 커피 소비도 마찬가지네요. 스타벅스가 종이컵에 로고 마크를 그려 넣으면서부터 한 손에 커피를 들고 거리를 걷는 것이 유행이 되었습니다. 담배 연기가 자욱한 오래된 찻집에서 커피 한 잔으로 한가롭게 몇 시간을 보내던 소비 스타일과는 완전히 달라졌어요. 스타벅스가 카페 손님을 밖으로 끌어냈어요. 일종의 '아웃도어 소비'인 셈이죠.

거피 체인점을 경영하는 사람은 신문 업계의 미래에는 전혀 관심이 없지만, 내가 '아웃도어 소비'라는 개념을 꺼내자 자신의 업계에 적용시켜 대화에 적극적으로 참여할 수 있게 되었다.

물론 일하는 현장에서는 구체성을 필요로 하는 상황도 많겠지만, 제한된 조직 내의 경직된 인맥이 아닌 핀포인트 인간관계를 만들기 위해서는 가능한 한 다양한 사람을 만나 그들의 마음을 열어야 한다.

이런 식으로 추상성을 높이면 상대방이 내 직업이나 업계에 관심이 없더라도 대화로 끌어들일 수 있다.

● 자신만의 '포켓 키워드'가 필요하다

추상적인 대화가 어렵게 느껴진다면 앞의 대화에서 나온 '아웃도어 소비' 같은 자신만의 '포켓 키워드'를 준비하라고 말해주고 싶다.

사회 변화를 반영한 키워드나 신조어, 최근 신문이나 텔레비전에서 자주 언급하는 표현 같은 것을 미리 수집해두는 것이다. 서점에 나가 비즈니스 서적 코너를 돌아보면서 제목을 살펴보는 것도 좋은 방법이다. 내가 잘 모르는 분야와 관련된 대화에서 들은 재치 있는 말, 독특한 의견이나 표현 등도 좋은 재료다. 이렇게 수집한 키워드를 자기 나름대로 정리하여 머릿속에 넣어뒀다가 다른 사람과 대화할 때 슬쩍 활용해보면 도움이 된다.

효과적인 핀포인트 인간관계를 만드는 비법은 자신의 평소 생활 범위나 자기가 속한 업계에서 최대한 멀리 떨어져 있는 사람과도 교류하면서 자신에게 호감이나 새로운 자극을 주는 사람을 선별하여 관계를 유지하는 것이다. 그런 타인을 통해서 자신의 부족한 점을 깨닫고, 사고를 제한하는 고정관념에서 벗어나는 것도 사람과의 만남이 지닌 매력 중 하나다.

"구체성은 다양성을 저해할 수 있습니다.

그 구체성을 제대로 이해할 수 없는 사람도 있으니까요."

정신없이 바쁜 사람들과
효율적으로 대화하는 법

● 스탠퍼드 디스쿨 수업에서 생긴 일

최근 들어 스탠퍼드 디스쿨(d.school)에 대한 관심이 부쩍 높아졌다. 디스쿨은 '디자인 스쿨'의 줄임말로 우리가 흔히 생각하는 건축, 의상 등의 시각적 디자인이 아니라 생각을 디자인하는 법을 알려주는 대학이다. 학점과 학위가 없으며, 전공과 상관없이 스탠퍼드 대학원 소속이라면 수강이 가능하다. 스탠퍼드 학생들이 미국 실리콘밸리에서 활약할 수 있게 하는 가장 큰 원동력인 창의력을 키워주는 과정으로 입소문이 나 지금은 수많은 학생들이 자발적으로 이 수업에 참여하고 있다.

나 역시 디스쿨의 수업 과정이 가장 궁금했기에 망설임 없이 이

스탠퍼드는 명함을 돌리지 않는다

과정에 등록했다. 디스쿨 수업은 생각의 틀을 깨고 독창적인 시각으로 문제를 해결하는 것을 몸소 체득하는 데 매우 유용했다.

그중 한 수업에서 '새로운 형태의 뉴스 사이트'를 구상해보라는 과제를 받았다. 활용할 수 있는 재료는 종이와 끈, 사인펜, 가위 등 문구류였다.

우리 팀은 사이트를 만들기 전에 '왜 아무도 신문을 읽지 않게 되었는가', '현대사회에서 정보를 수집한다는 것은 어떤 의미를 지니는가' 등의 근본적인 질문을 던지는 것에서부터 시작했다. 논의의 결론은 '매일 필요 없는 정보가 넘쳐난다'는 것이었고, 독자가 관심을 두지 않는 분야의 뉴스는 화면에 노출시키지 않는 사이트를 만들자는 아이디어를 떠올렸다. 독자가 뉴스 사이트에 가입할 때 관심 없는 분야, 예를 들어 정치 분야를 선택했다면 이후에는 정치 분야 뉴스를 화면에서 보여주지 않는 것이다.

이런 아이디어를 바탕으로 실제로 사이트를 구현해봤다. 〈뉴욕타임스〉 사이트에 접속해서 홈페이지 메인 화면을 출력하고, 흰 종이를 잘라 군데군데 기사를 가렸다. 5분 만에 관심 없는 기사를 숨겨주는 사이트의 시제품이 완성됐다.

흥미로운 것은 그 이후였다. 이 시제품 화면을 가지고 주변 학생들과 회사원, 교수들에게 의견을 묻자 전혀 의외의 반응을 보인 것이다. 우리의 예상과 달리 사람들은 "숨기고 있으니까 오히려 무슨 기사인지 궁금하다", "어떤 내용인지 확인하고 싶어졌다"라면서 기사를 가리고 있는 종이를 떼어내려고 했다.

그래서 급히 종이를 말풍선 모양으로 잘라 숨기고 있는 뉴스의 헤드라인과 그 기사에 관심을 두고 있는 지인의 사진을 표시하는 기능을 추가했다. 가려져 있으면 엿보고 싶은 게 인간의 본성이다. 모두가 종이를 슬쩍 넘기면서 내용에 관심을 보였다.

결국 우리의 최종 결과물은 마치 게임을 하듯이 종이를 넘기면서 평소 자신이 싫어한다고 생각한 분야의 기사를 읽게 되는, 새로운 경험을 제공하는 사이트로 결정됐다.

● 가장 짧은 시간에, 가장 효율적으로 소통하는 법

이때 만약 뉴스 사이트 시제품을 만들어보지 않았다면 어땠을까? '가려져 있는 부분을 보니 더 궁금해졌다'라는 의외의 피드백을 얻기 어려웠을 것이다. 그저 내가 관심 없는 뉴스가 보이지 않으니 다른 뉴스가 더 잘 보이고 시각적으로도 깔끔해서 좋다는 결론을 내고 끝났을 확률이 크다.

정보를 선별적으로 제공한다는 원래의 목표에서 뉴스와 관련된 전혀 새로운 경험을 제공한다는 쪽으로 목표가 수정되긴

스탠퍼드는 명함을 돌리지 않는다

했지만, 누구도 쉽게 생각해낼 수 없는 신선한 결론이 나왔다는 점에서 팀원들 모두 흥분된 모습을 보였다. 도구를 활용해서 구체적인 결과물을 직접 만들어보고 눈으로 확인하면서 대화할 때 소통의 깊이가 상상 이상으로 깊어진다는 것을 확인할 수 있었다.

이때의 경험 이후로, 나는 중요한 사람이나 친해지고 싶은 사람을 만나면 상대의 눈앞에 대화 내용과 관련된 실제적이고 물리적인 결과물을 보여주는 대화를 하려고 노력한다. 바로 노트를 꺼내 그림을 그리며 설명하거나 잠깐이라도 동영상을 편집하는 과정을 보여주는 식으로 내가 생각하는 바를 구체적인 형태로 보여준다. 이렇게 하면 상대방의 관심을 끌 수 있고 무엇보다 효율적인 대화가 가능하다.

말로 설명하려고 하면 각자의 머릿속에서 그리는 바가 다를 수 있기 때문에 한참을 대화하다가 뒤늦게 서로 완전히 오해하고 있었다는 사실을 깨닫곤 하지 않는가. 이렇게 되면 그동안의 시간과 노력이 무의미해질 뿐만 아니라 호감을 느끼기 어렵다. 찰떡같이 알아듣고 대화가 물 흐르듯 흘러가야 상대방이 나와 잘 맞는다고 느끼는 법이다. 뒤늦게 오해를 바로잡고 수습을 하려고 해도 '이 사람과는 잘 통하지 않는 것 같다'는 인상은 쉽게 지워지지 않는다.

또 한 번을 만났어도 상대방에게 강한 인상을 남겨줄 수 있다. 몇 년 전 가구 디자이너와 인터뷰를 하다 카페 테이블에 포스트잇을 덕지덕지 붙여가며 이야기를 나눈 적이 있다. 대화를 주고받다 순간 상대의 이야기에 흥미로운 부분이 있어 나도 모르게 포스트잇을 꺼내 가구 그림을 그려가며 마구 질문을 던진 것이다. 덕분에 인터뷰는 아주 순조롭게 흘러갔고, 기사를 읽은 독자들의 반응도 뜨거웠다.

기사가 나간 뒤 이 디자이너와의 관계는 끝인 것처럼 보였지만, 지금은 우리 매체에서 매주 글을 쓰는 중요한 필진으로 나와 핀포인트 관계를 맺고 있다. 1년 뒤 칼럼을 연재할 수 있을지 연락했을 때 바로 '아, 그때 그 분!'이라고 나를 떠올려주었고, 당시 내 포스트잇이 기억에 남는다면서 흔쾌히 수락했다.

정신없이 바쁜 사람을 붙잡고 대화를 나누고 그 짧은 시간 동안 호감을 느낀다는 것은 어쩌면 불가능한, 너무나 이상적인 이야기로 들릴지도 모른다. 그렇기 때문에 짧은 시간 안에 효율적으로 상대와 소통하고 '저 사람 참 괜찮다'라는 좋은 인상을 남기는 것은 핀포인트 인간관계에서 매우 중요한 요소다.

만약 당신이 대화 중에 뭔가 꼬이고 있다는 좋지 않은 예감이 느껴진다면 노트든, 포스트잇이든 꺼내 보라. 그 순간부터 대화는 전혀 다른 양상으로 흘러갈지도 모른다.

"

도구를 활용해서 구체적인 결과물을
직접 만들어보고 눈으로 확인하면서 대화할 때
소통의 깊이는 상상 이상으로 깊어진다.

"

1.1배 혁신하는 사람을 만나라

● **실리콘밸리는 문서가 아닌 이야기를 중심에 두고 일한다**

지금은 모두가 혁신을 외치는 시대다. 관료나 대기업 사원
등이 속한 상하 관계가 엄격한 조직이라면 조직 내 원칙과 형
식을 중시하는 모범생이 승승장구할 테지만, 이제는 그렇지 않
다. 형식에서 조금 벗어나더라도 혁신을 이끌어나갈 수 있는 이
들이 주목을 받고 있다.

스탠퍼드대학교와 실리콘밸리는 워낙 똑똑하고 뛰어난 인재
들이 많이 모인 곳이니 공부를 잘하는 모범생 스타일의 사람
들이 대부분일 것 같지만, 그렇지 않다. 오히려 독특한 자기만
의 세계를 가진 괴짜들이 모여 있다.

스탠퍼드는 명함을 돌리지 않는다

뉴욕이나 워싱턴 D.C. 같은 미국 동부권에서 일하는 사람들은 정장에 넥타이를 맨 차림으로 일하지만, 실리콘밸리 사람들은 티셔츠에 반바지를 입고 일한다. 페이스북을 설립한 마크 저커버그의 티셔츠와 파카 차림 역시 많은 사람에게 강한 인상을 남겼다.

오로지 자기 일에만 몰두하느라 다른 것에는 관심이 없거나 둔하다고 할까. 기본적인 예의나 규칙은 지키지만 형식적인 것이나 조직 내 암묵적인 규칙, 자리싸움 같은 문제에는 관심이 없는 편이다. 자신의 일 하나에만 심취해서 그 외의 것은 신경을 전혀 쓰지 않는다는 느낌이다.

이런 성향은 이들이 지향하는 바와 일치한다. 대단한 성공을 거둔 사람이 쓴 책보다 현재 사람들의 관심을 끌고 있는 획기적인 제품을 개발한 젊은이들의 SNS 게시글이 더 큰 영향력을 발휘한다. 국가의 중앙은행이 발행하는 화폐보다 가상 화폐에 더 많은 기대를 건다. 새로운 사업 아이템이 있다면 기존의 시스템을 파괴하고 싶다는 열망을 드러내는 일도 서슴지 않는다. 실리콘밸리에서 태어난 우버 서비스를 보라. 등록된 택시가 아니라 일반인이 운전하는 차를 타고 이동할 수 있는 이 서비스는 창업자가 기존 택시 업계를 무너뜨리려는 배짱으로 만든 것처럼 보이기까지 한다.

실리콘밸리 사람들은 무엇보다 대화를 좋아한다. 좋은 아이디어가 떠오르면 다른 사람과 공유하며 빠르게 일을 진행시킨다. 기업가, 변호사, 회계사, 대학생, 교수 등 직업과 관계없이 이런 용기와 배짱 있는 사람들을 매일 만날 수 있다. 평소에는 조용하게 자기 일에만 빠져 있는 것처럼 보이지만, 한번 대화의 리듬을 타면 그동안 하고 싶은 말을 어떻게 참았나 싶은 사람이 많다.

또한 커뮤니케이션의 속도나 아이디어의 공유 속도는 놀라울 정도다. 보통 일반적인 조직은 체계적인 보고와 결정을 위해 서류, 결재 문서로 상징되는 '종이 문화' 중심으로 돌아간다. 종이는 인쇄하고 나면 변경하기 어렵기 때문에 문제가 없는지 몇 번이고 확인하느라 시간이 오래 걸린다. 중간에 잘못된 부분이 있어 수정해야 한다면 시간은 배로 걸린다. 또 정해진 것을 뒤집기 어렵고, 실수나 오해를 피하기 위해 신중해진다.

이런 부분들이 실리콘밸리에는 잘 어울리지 않기 때문에 이들은 '이야기'를 중심에 두고 일을 한다. 관련자가 모두 모여 바로 의견을 나누고 결정하며, 다시 빠르게 자기의 자리로 돌아가 업무에 반영한다. 바로 전에 결정한 부분이라도 다시 판단해서 철회하거나 다른 결정을 내리기가 쉽고, 오해가 있으면 대화를 통해 바로잡을 수 있다. 무엇보다 서류가 오가는 시간을 최대한 줄일 수 있다는 것이 큰 장점이다.

이런 부분은 핀포인트 인간관계에서 강조하는 대화 중심의 인간관계와 일맥상통하는 부분이 있다. 효율적인 협업을 위해 빠르게 소통하고 어떤 일을 하든 상황이 변할 수 있다는 생각을 전제로 하는 점이 그렇다.

물론 실리콘밸리에도 그늘이 존재한다. 페이스북만 하더라도 개인 정보 수집 및 유출, 가짜 뉴스 양산, 헤이트스피치(hate speech)의 확산 등을 둘러싼 문제로 비판을 받고 있다. 하지만 기존의 엘리트와는 다른 타입의 사람들이 활약하고 있다는 점은 우리에게도 시사하는 바가 크다고 생각한다.

● '1.1배 혁신하는 사람'을 만나라

이렇게 혁신의 중요성이 업무 방식과 성공법을 바꾸고 있을 때, 우리가 만나야 하는 사람은 어떤 사람일까.

보통은 혁신이라고 하면 우리의 생활과 사고방식을 완전히 뒤바꿀 어마어마한 것을 상상한다. 그러나 그런 종류의 혁신은 흔치 않을뿐더러 현실적으로 쉽지 않은 일이다.

내가 생각하는 혁신을 예를 들어 설명하면 이렇다.

한때 실리콘밸리에서 한 일본인 영업 사원이 화제가 된 적이 있다. 음료 회사에서 근무하는 이 사원은 중요한 고객을 소개받는 식사 자리도 '너무 불편해서 집에 가고 싶다'라는 이유로 거절할 만큼 내향적인 성격이라고 한다. 그런 그에게 영업직은 성향과 맞지 않아 쉽지 않은 업무였다. 특히 일본에서는 성실을 무기로 하는 '밀어붙이기식 영업'이 흔하다. 즉 영업 사원이 거래처에 수시로 방문해서 제품을 홍보하고 영업해서 결국 구매하게 만드는 전략을 사용하는 것이다.

그런데 에버노트재팬의 호카무라 히토시 회장의 말 한마디가 그의 영업 방식에 새로운 아이디어를 던져주었다.

"일본인들의 밀어붙이기식 영업은 실리콘밸리에서는 통하지 않습니다. 현지의 엔지니어들이 스스로 사고 싶어지도록 만드는 방식으로 영업을 해야 합니다."

그는 이 조언을 받아들여 방식을 바꿔보기로 했다. 무작정 회사로 찾아가 음료수를 홍보하고 납품을 제안하는 대신, 엔지니어들이 모이는 행사나 세미나 장소에서 음료수를 직접 나누어준 것이다.

그러자 '이상한 일본인이 음료수를 들고 어슬렁거리고 있다'라는 소문이 퍼져 실리콘밸리에서 서서히 그의 존재가 알려지게 됐다. 호기심을 느낀 엔지니어나 기업가들이 먼저 말을 거는 일도 많아졌다. 그러면 그때 제품의 매력을 적극적으로 설명했다.

"탄산음료와는 달리 차 음료는 당이 없어 건강에 좋습니다. 당연히 하루에 몇 병을 마셔도 괜찮고, 마음이 편안해지는 효과도 있습니다."

어느샌가 물건을 몇 상자씩 구입하거나 사무실에 정기적으로 배송해달라고 주문하는 사람이 하나둘 나타나기 시작했다. 그는 이 영업 방식으로 놀라운 판매 실적을 올렸을 뿐 아니라 실리콘밸리에서 유명 인사가 되었다.

이 사원이 생각해낸 영업 방식은 엄청나게 새로운 것은 아니다. 그저 회사에 대량으로 납품하던 방식에서 거꾸로 소비자 한 명 한 명을 공략하는 방식으로, 즉 접근 방식을 거꾸로 바꾼 것에 불과하다.

나는 이런 혁신이 '1.1배 정도'의 혁신이라고 생각한다. 매일 1.1배라면 내일 10퍼센트 더 성장한다는 것을 의미한다. 하루도 빼지 않고 매일 꾸준하게 성장할 수 있다면 그것이 쌓여 언젠가는 2.0배, 3.0배 더 놀라운 변화를 이끌어낼 수 있을 것이다. 그러면 언젠가 인생 자체가 변하지 않을까.

나는 핀포인트 인간관계로 1.1배 정도의 개혁을 이루고 있는 사람들을 만나기 위해 애쓴다. 매번 하던 방식을 고수하면서 '왜 일이 잘 안 되지'라며 고민만 하는 것이 아니라 작은 변화를 시도하며 조금씩 바꿔나가려는 사람들 말이다. 비록 소수라도 이런 사람과 교류하면 타인의 성장을 지켜보면서 자극을 받을 수 있고, 덩달아 우리 자신도 변할 수 있다. 바로 이것이 우리가 귀찮음을 무릅쓰고 사람을 만나 관계를 맺으려는 궁극적인 목적이 아닐까.

"

나는 핀포인트 인간관계로

1.1배 정도의 개혁을 이루고 있는 사람들을 만나기 위해 애쓴다.

매번 하던 방식을 고수하면서

'왜 일이 잘 안 되지' 고민만 하는 것이 아니라

작은 변화를 시도해 조금씩 바꿔나가는 사람들 말이다.

"

제**4**장

핀포인트 인간관계로
영향력 있는
조직을 만드는 법

우리가 인간이라는 점에서는 모두 동일하지만, 한 사람의 개인으로서 과거에 살았던 타인, 현재를 살고 있는 타인, 미래에 살아갈 타인과 결코 같을 수 없다.

— 《인간의 조건》, 한나 아렌트

마지막으로 4장은 핀포인트 인간관계를 바탕으로 영향력 있는 조직을 만드는 법에 대해서 이야기하고자 한다. 개인의 친분 관계에 있던 인맥망을 구체적인 성과를 내야 하는 조직으로 끌어들인다는 점에서 핀포인트 인맥의 '실천 편'이라고 할 수 있겠다.

그런데 조직을 만든다거나 리더, 영향력 등의 단어를 들었을 때 나와는 너무 먼 이야기라고 생각하는 경우가 많다. 나도 마찬가지였다. 여러 차례 말했듯이 내성적인 성격이었기 때문에 처음부터 조직의 리더가 되어야겠다는 목표를 가진 것은 아니었다. 리더라면 전 직원과 잘 어울려야 하고 조직의 갈등도 조율하는 등 지금껏 외면해왔던 일과 부딪혀야 하는데 아무래도 나와는 맞지 않는 것 같다고 생각했던 것이다.

경력이 쌓이다 보니 편집장까지 맡게 되었지만 직원들과 식사를 하거나 회식을 하는 것도 그다지 좋아하지 않는다. 솔직히 말해 리더로서는 자질이 부족한 것은 아닐까 생각한 적도 많았다. 얼마 전에도 오랜만에 팀원에게 같이 점심을 먹자고 했더니 "대단히 심각한 이야기를 하실 줄 알았다. 조금 긴장했다"라는 말을 듣기도 했다.

그렇지만 기본적으로 내가 좋아하는 사람 혹은 호감이 생겨서 같이 일하고 싶은 사람과 팀을 꾸려보니 리더가 느낄 수밖에 없는 부담감이 상당히 줄어들었고 팀의 업무 성과는 기대 이상이었다. 조직을 점점 키우고 엄청난 성과를 거두겠다는 야심 찬 각오가 반드시 중요한 것은 아니었다. 그저 좋아하는 사람들과 함께 모여서 즐겁게 일할 수 있다면 좋겠다는 목표 정도를 가져도 충분하다는 것을 깨달았다.

이런 이유로 4장에서 다루는 이야기는 흔히 리더십을 다루는 책에서 나오는 이야기들과는 거리가 멀게 느껴질지도 모르겠다. 그러나 과거의 전형적인 조직 형태가 아니라 새로운 모습의 팀이나 업무 방식을 꿈꾸는 사람들에게는 분명 유용한 부분이 있을 것이다.

4장에는 어떻게 팀원이 될 만한 사람을 찾을 수 있는지, 또 나는 상대방에게 어떻게 어필해야 하는지 등의 내용을 담았다. 핀포인트 인간관계 실천 편이기 때문에 1장에서 3장까지의 내용을 전체적으로 복습하는 성격도 있다. 당신이 좋아하는 사람들과 모여 즐겁게 일하는 상상을 하며 읽어주면 좋겠다.

같이 일하고 싶은 사람을 찾는 법

● 핀포인트 인맥망 넓게 펼치기

당신이 팀을 꾸리게 되었거나 사업을 하게 되었다고 치자. 혹은 당신이 속한 조직에서 함께 일할 사람을 찾게 될 수도 있다. 평소 핀포인트 인간관계를 탄탄히 구축해두었다면 아마 당신의 머릿속에는 바로 '누가 있더라?'라는 질문이 떠오를 것이다.

물론 채용에서 기본이 되는 것은 경력이겠지만 경력이 전부는 아니다. 경력이나 업무 스타일은 기본적인 확인 사항이지만 향후 함께 일할 만한 사람인지를 결정하는 것은 '그는 어떤 사람이며 우리와 잘 맞을까?'이다. 그런 점에서 핀포인트 인간관계는 이미 당신의 검증을 한 번 거쳤기 때문에 좋은 인맥 풀이 될 수 있다.

여기에서는 한 팀으로 같이 일하고 싶은 사람을 찾는 몇 가지 간단한 방법들을 정리해보고자 한다.

첫 번째로 가장 쉽고 유용한 방법은 놀라운 소식을 듣거나 내가 기쁜 일이 생겼을 때 가장 먼저 알리고 싶은 사람이 누구인지 생각해보는 것이다. 가족이나 친구처럼 일상적으로 자주 연락하거나 소식을 공유하지는 않지만 이직이나 취직으로 커리어에 변화가 생겼을 때, 업계 사람이라면 누구나 흥미를 가질 만한 놀라운 소식을 들었을 때 등등 특별한 순간에 갑자기 누군가 떠오르는 경우가 있다.

그다지 친하다고 생각하지 않았는데, 의외의 사람이 떠오르거나 그동안 잊고 있었던 인물이 불현듯 생각날 수도 있다. 혹은 '이 사람이라면 괜찮은 사람을 소개해줄 것 같아', '이 사람이 발이 넓은 편이니 적당한 사람이 있는지 알아봐 달라고 부탁해야겠군' 등등의 힌트가 떠오를 수 있다. '한 팀으로 일할 사람'의 카테고리에서 과거의 친분 관계가 반드시 중요한 것은 아니다.

그동안 당신이 쌓아온 핀포인트 인간관계를 최대한 넓게 펼쳐놓고 생각해보자. 함께 있으면 마음이 편해지고 평소 상대의 사고방식과 가치관이 존경할 만하다고 생각한 사람이라면 좋다.

● 어떤 사람인지 파악하기 위한 결정적 질문을 던져라

채용을 염두에 둔 만남은 아니지만 직업상 여러 사람들을 만나다 보니 상대가 어떤 사람인지 파악하기 위한 나만의 '결정적 질문(Killer Question)'을 가지고 있다. 결정적 질문은 내가 중요하게 생각하는 가치에 대해 상대는 어떻게 생각하고 있는지를 알 수 있는 질문으로, 축구에서 극적인 골을 만들어내는 결정적인 패스처럼 상대를 판단할 때 중요한 역할을 한다.

첫 번째 질문은 "AI의 등장으로 당신의 일이나 인생은 어떻게 바뀔 것 같은가?"라는 질문이다. 내가 속한 언론 업계에 비유해서 말하자면, 사람들은 인공지능 AI가 인터뷰하는 상대의 말을 기록하는 동시에 순식간에 기사를 쓰는 세상이 다가올 것이라고 예측하고 있다. 당연히 인간이 할 일이 줄어들 것이다. 만약 금융 업계라면, 고객 응대나 대출 심사 등은 기계가 신속하게 처리할 수 있으므로 지금 그 업무를 담당하는 은행 직원은 사라질지도 모른다.

이 질문을 던지면 상대방이 자신의 업무 구조를 거시적으로 이해하는 사람인지, 동시에 미래를 예측할 수 있는 사람인지 아닌지 알 수 있다. 이 두 가지를 염두에 두고 일해야 시대에 뒤떨어지지 않는다. 미래에 대한 일말의 불안감과 초조함, 설렘과 기대감이 공존하는 시대에 어떤 사람과 함께 일하고 싶은지도 알 수 있는 질문이기도 하다. 또한 내가 기본적으로 미래를 예측하기를 좋아하는 사람이기 때문에 이 질문을 반드시 던져본다.

두 번째 질문은 "최근 1만 엔(2019년 11월 기준으로 약 107,000원—옮긴이)을 어디에 썼는가?"이다. 1만 엔은 결코 적은 금액이 아니다. 근사한 식사를 할 수도 있고, 책을 몇 권이나 살 수도 있다. 무엇에 돈을 소비하는지 물어보면 그 사람의 본질을 알 수 있다.

이 질문에 "여름휴가 때 서점에 가서 책을 사는 데 그 정도 쓴 것 같아"라고 답한 친구가 있다. 순간 그 친구가 꽤 멋져 보였다. 술자리나 게임도 별로 좋아하지 않고, 여행도 자주 가지 않는 친구였지만 열심히 번 돈을 자신의 지적 성장을 위해 쓰는 모습이 인상 깊었다.

반면에 '초밥 먹기'라는 답을 한 사람도 있다. 그 사람은 매주 고급 식당에 가서 2만 엔어치의 초밥을 먹는 것이 취미라면서, 월급의 상당 부분을 초밥에 쓰고 있다고 말했다. 나와는 전혀 다른 소비 방식에 깜짝 놀라긴 했지만, 그는 스포츠나 연극 등 다른 취미 활동에 비하면 그렇게 큰돈을 쓰는 것도 아니라고 설명했다. 그러면서 자신과 비슷한 30~40대의 젊은 초밥 장인이 칼 한 자루로 초밥을 만들면서 외국인 손님까지 감탄하게 하는 모습을 보고 있으면 엄청난 자극을 받는다고 말했다. 생선을 다듬고, 재료를 준비하는 모습은 흥미를 넘어 예술적인 영감까지 준다는 것이다. 자신이 좋아하는 것을 명확하게 알고, 거기에 돈을 쓰면서 깊은 통찰력도 얻는 듯 보였다.

단, 이 질문으로 상대의 소비 습관을 판단하려고 해서는 안 된다. 상대의 생각을 충분히 듣고 이해할 수 있는 단서로 삼아야 한다.

● 이벤트에 함께 참여한다

요즘은 매일 재미있는 이벤트가 열리고 있다. 서점이나 미술관에서 진행하는 강연, 라이브 콘서트나 음악 페스티벌, 공공기관 행사, 음식점에 붙은 이벤트 정보 등등 관심 있는 주제라면 부담 없이 참여할 수 있는 이벤트가 무궁무진하다. 업무든 정보 공유든 대부분의 일을 인터넷을 통해 진행하는 현대사회에서 가상공간이 아닌 직접 사람을 만날 수 있는 실질적인 공간의 가치가 높아지고 있다.

나는 이런 정보를 보면 바로 확인해서 일단 일정에 따라 정리를 해둔다. 물론 메모해둔 이벤트에 전부 참석하는 것은 아니지만, 그중에서 재미있겠다는 생각이 드는 행사는 친분을 쌓고 싶은 동료나 친구, 거래처의 사람에게 같이 가자고 권해본다. 그리고 행사 중에 이야기를 나누면서 상대방의 반응을 살피고, 내 의견을 전하기도 한다. 이런 시간을 통해 예상치도 못한 상대방의 의외의 면을 보고 한층 더 가까워질 때도 있다.

물론 요즘은 행사가 끝나자마자 블로그나 기사를 통해 어떤 일이 있었는지 알 수 있는 경우가 많다. 하지만 직접 참여해서 참가자들의 열기나 사람들의 표정 등 현장에서만 알 수 있는 분위기를 경험하고 상대와 공유하는 것은 관계를 유지하고 발전시키는 데 큰 도움이 된다.

특히 일을 같이 하기 위해서는 상대방의 사고방식을 파악하는 것이 필수다. 가령 이벤트에 참석한 기업가의 연설에서 "실패를 많이 겪어봐야 성공할 수 있다"라는 말을 들었다고 해보자. 함께 간 사람이 "정말 맞는 말이야. 나도 더 많은 실패를 경험해보고 싶어"라고 말하는 사람인지, "난 반대라고 생각해. 실패는 피할 수 있다면 피하고 싶어. 저 사람은 조금 계획성이 부족한 것 같아"라고 생각하는 사람인지 알게 되면 함께 일할 때 어떤 식으로 대해야 할지 판단할 수 있다. 혹은 다른 사람의 이야기를 무조건 그대로 받아들이는 타입인지, 비판적으로

스탠퍼드는 명함을 돌리지 않는다

듣고 자신의 의견을 중요하게 여기는 타입인지도 알 수 있다.

● 함께 걷다 보면 상대의 자연스러운 모습까지 볼 수 있다

채용을 염두에 둔 사람을 만났다면 아주 잠깐이라도 함께 걷는 시간을 갖기를 권한다. 이 방법으로 상대방에 대해 구체적으로 알 수 있다.

나는 인터뷰를 할 때, 일부러 함께 걷자고 말을 건다. 딱딱한 테이블을 두고 마주 앉으면 일단 긴장이 되고 마음이 편치 않다. 그렇지만 답답한 실내를 벗어나 보폭과 호흡을 맞춰 몸을 움직이면 긴장이 누그러지고 자신도 모르게 자연스러운 모습을 드러내게 된다.

특히 면접이나 인터뷰 같은 공식적인 만남에서 이 잠깐의 산책은 중요하다. 공식적인 자리는 상대에게 부담을 주지만 대화가 끝난 후 함께 엘리베이터를 타고 1층으로 내려간다거나 버스 정류장까지 길을 걷는 동안은 긴장과 어색함이 사라지고 상대의 편한 모습을 관찰할 수 있기 때문이다. 면접 때의 모습과 함께 걸었을 때의 모습을 동시에 관찰하면 상대방에 대한 종합적인 판단이 가능해진다. 보기보다 위트 있는 사람이라거나, 긴장을 많이 해서 질문에 대한 답을 제대로 못한 것 같다는 판단 말이다. 길지 않아도 괜찮다. 5분, 10분 정도의 짧은 시간이라도 편하게 이야기를 나누면서 어떤 인상을 주었고 호감을 느꼈는지 판단하면 충분하다.

처음에는 산책을 권하기가 익숙하지 않을 수도 있지만 금세 익숙해질 수 있다. 가령 면접이 끝난 뒤 "역까지 걸어가면서 조금 더 이야기를 나누면 어떨까요?"라고 말해보면 어떨까. "많이 긴장하셨을 것 같은데 잠깐 바람 좀 쐴까요?"라고 말하는 방법도 있다.

호감이라는 감정은 나 혼자서만 만들어내는 감정이 아니다. 함께 대화하고 움직이면서 상대와 나 사이의 긍정적인 기운이 느껴지는지 체크해보자.

"

채용에서 기본이 되는 것은 경력이겠지만
경력이 전부는 아니다.
경력이나 업무 스타일은 기본적인 확인 사항이지만
향후 함께 일할 만한 사람인지를 결정하는 것은
'그는 어떤 사람이며 우리와 잘 맞는가?'이다.

"

좋은 사람을 찾았다면
당신을 주목하게 만들어라

● **당신은 궁금한 사람, 만나보고 싶은 사람인가**

함께 일할 좋은 사람을 찾아내기 위해 상대를 제대로 관찰하는 것도 중요하지만, 반대로 상대방도 자신에게 호감을 느끼도록 해야 한다.

흔히 사람들은 채용을 위해 면접을 보러 가면 구직자가 면접관에게 '잘 보여야' 한다고 생각한다. 하지만 구직자도 면접을 보는 동안 입사 후 자신과 일하게 될지도 모르는 면접관은 어떤 사람인지, 회사 분위기는 어떤지 모두 관찰하고 있다는 사실은 중요하게 생각하지 않는다.

어느 한쪽만 일방적으로 말하는 대화는 없듯 내가 상대를 관찰하고 판단하고 있다면 마찬가지로 상대도 나를 관찰하고 있다. 즉 좋은 사람을 만나고 싶다면 나 자신도 좋은 사람, 상대가 궁금해하고 친해지고 싶다고 생각하는 사람이 되어야 한다.

여기에서는 사람들이 먼저 당신을 주목하고 다가오도록 하는 몇 가지 방법을 소개하겠다.

가장 먼저 강조하고 싶은 것은 항상 변화를 꾀하고 성장하는 사람이 되어야 한다는 것이다. 아무리 매력적인 사람이라 하더라도 매일 똑같은 모습에 똑같은 화제로만 이야기를 한다면, 다시 만나고 싶다거나 흥미로운 사람이라는 인상을 주기 어렵다. 아주 작은 일상의 변화라도 좋으니 새로운 것들을 많이 경험해야 한다.

나는 얼마 전 평소에는 읽지 않는 근대 미술에 관한 고가의 책을 샀다. 쓸데없이 돈을 낭비했다는 생각도 잠시 했지만 덕분에 책장을 넘기며 깊은 사고를 할 수 있는 시간을 가질 수 있었다. 생전 사본 적 없던 고급 올리브오일을 사기도 했다. 브로콜리를 데쳐 소금과 함께 곁들이니 꽤 맛있었다. 올리브오일 하나에 그렇게 맛이 달라질 수 있다는 점에 놀란 기억이 난다. 얼핏 생각하면 별것 아닌 것처럼 느껴지지만, 이런 작은 도전과 변화들을 겪고 그때의 상황이나 감정을 잘 갈무리해두면 일상적인 대화도 더 재미있고 풍성해진다.

꾸준히 성장하고 싶다면 자신이 재미를 느끼는 일을 포기하지 않고 계속해야 한다. 나의 경우에는 취미든 공부든 그때그때 관심이 가는 새로운 일을 찾되 기왕이면 '낯선 느낌을 주는 것'을 찾아보려고 한다. 압도적인 즐거움이든 불안감이든, 아니면 말로 표현하기 힘든 불쾌감을 느낄 수도 있다. 사람은 뭔가 새로운 에너지에 가득 차 있고 매일 똑같은 일상생활만 반복하는 사람들과는 다르다는 인상을 줘야 매력적이다. 낯설고 색다른 느낌을 주는 사람일수록 다른 사람의 마음을 끌어당기는 긍정적인 힘이 있기 때문이다.

● 부담스럽지 않게 나를 드러내는 법

반드시 사람들 앞에 나서기를 좋아해야 관계를 맺는 데 유리한 것은 아니지만, 그렇다고 해서 마냥 숨어만 있어서는 핀포인트 인간관계를 만들 수 없다.

나 역시 내성적인 성격이라 적극적으로 사람들에게 말을 걸거나 금세 친해지지는 못 하지만 다음 두 가지 원칙은 지키려고 애쓴다.

첫 번째로 사람을 많이 만나는 자리라면 최대한 많은 사람과 인사를 하지는 못하더라도 지금 나와 대화하는 사람에게만큼은 내 이름을 각인시키겠다는 생각으로 충실하게 대화한다.

스탠퍼드는 명함을 돌리지 않는다

두 번째는 누가 듣고 있든 아니든 계속 내 목소리를 내는 것이다. 요즘은 SNS를 잘 활용하면 얼마든지 자신의 목소리를 낼 수 있다. 일상에서 문득 깨달은 것, 일하면서 알게 된 노하우 등을 글로 정리해서 꾸준하게 업데이트한다. 누군가 봐주기를 바라고 하는 행동이 아니라, 적어도 나에 대해 궁금해하는 사람이 있다면 내가 어떤 사람이며 무슨 생각을 하고 있는지 알 수 있도록은 해야 한다고 생각하기 때문이다. 반드시 글로 표현하지 않아도 괜찮다. 영상이나 음성, 그림이나 만화 등으로 나타낼 수도 있다.

● 가끔은 인맥 폭발 기간을 설정하자

마음이 내키는 대로 사람을 만나다 보면 인맥이 정체될 때가 있다. 그래서 나는 일부러 '인맥 폭발 기간'을 설정한다. 일정 기간을 정해두고 이때는 되도록 많은 사람과 만나 어울려 보는 것이다. 평소의 나보다는 조금 과한가 싶을 정도로 전력을 다한다.

변화하는 시대와 조직에 맞춰 자유롭게 핀포인트 인간관계를 유지하려고 애쓴다 해도 어딘가에서 관계가 경직될 수 있다. 그렇기 때문에 일정 기간 동안은 의식적으로라도 부지런히 인간관계를 넓히는 노력을 하는 것이다.

보통은 페이스북 메신저에 오는 쪽지에 모두 답하기 어렵지만 이 시기에는 최선을 다해 답장을 보낸다. 퇴근하고 돌아와서 여기에 매달리다 보면 두세 시간은 훌쩍 지나가고, 끝나면 기운이 다 빠져서 위스키를 한 잔 마셔야 잠들 수 있을 정도일 때도 있다.

한번은 블루보틀 카페에서 5일 동안 독자에게 커피를 대접하는 이벤트를 개최한 적이 있다. 매일 카페 앞에 서서 계속해서 몰려드는 손님들을 최선을 다해 응대했다. 그중에는 새로운 기획을 제안하거나 광고를 싣고 싶다고 말하는 사람도 있었고, 흥미로운 사람이 있으니 취재해보면 어떻겠냐는 말을 건네는 사람도 있었다. 커피를 마시기 위해 방문한 독자만 400명이 넘었고, 받은 명함만도 100장이 넘었다. 그야말로 인간관계가 대폭발하는 시기였다.

이렇게 하면 새로운 인맥도 쌓고, 평소와는 다른 경험을 할 수 있어 자기 자신을 새삼 다시 발견하는 계기가 되기도 한다. 물론 매번 이렇게 하면 지쳐버리고 인맥 몬스터가 되어버릴 것이다. 그래서 이 방법은 일시적으로만 활용하는 것이 좋다.

● 내 편으로 만들고 싶은 사람에게 지지를 보내는 법

상대가 나를 주목하고 다가오게 만드는 방법을 통해 누군가 관심을 보인다면 거기에 나도 분명한 호응을 보내야 한다. 내가 아무 반응이 없다면 다가온 상대도 머쓱해질 테니 말이다.

상대에게 호감이 가고 깊은 관계를 맺고 싶다면 그 사람이 하는 행동이나 말에 지지를 보내자. 굳이 친하게 지내고 싶다고 말하지 않아도 관계를 유지하고, 더 친밀한 사이로 발전시키는 데 효과적인 방법이다.

지금처럼 미래가 불투명하고 변화의 속도가 빠른 시대에는 무엇이 맞고 틀린지 정답을 알기가 어렵다. 오늘 상승한 매출이 내일은 제로가 될 수도 있다. 어디까지나 각자의 능력과 경험, 정보 등 모든 것을 종합적으로 고려해 판단을 내릴 수밖에 없다. 그럴 때 의지가 되는 것은 자신을 믿고 지지해주는 사람들의 목소리다.

앞서 2장에서 언급한 사례처럼, 내 편인 사람이 아무도 없을 때 나를 도와주는 사람이 단 한 사람만 있어도 일의 흐름 자체가 달라질 수 있다. 실제로 내가 보탠 말 한마디가 얼마나 큰 도움이 될지와는 무관하게 지지해주는 목소리가 있다는 것만으로도 상대에게는 큰 의미가 된다. 설령 결과는 좋지 않더라도 나를 지지해주었다는 고마움만큼은 잊혀지지 않는 법이다. 나는 그런 행동 자체가 상당히 중요하다고 생각한다.

반대로 내가 소중하게 생각하는 사람이 내게 어떤 의견을 준다면 흘려듣지 말고 심사숙고해봐야 한다.

"이쪽 사업이 요즘 주목받고 있어. 앞으로 이쪽으로 경력을 쌓아보는 게 어때?"

"회사 차원에서 그 분야를 관심 있게 지켜보는 게 좋을 것 같아."

"그 일은 정말 재미있을 거야. 한번 해봐."

"그 사람 한번 만나볼래? 분명 너와 마음이 잘 맞을 거야."

나는 가까운 사람이 이런 이야기를 하면 되도록 상대의 의견을 귀 기울여 듣는 편이다. 나를 잘 알고 객관적으로 봐줄 수 있는 사람의 의견은 들어볼 만한 가치가 있다고 생각하기 때문이다.

가까운 사람이 무언가 소리 높여 말하면 귀를 기울여보자. 자신의 말에 귀를 기울여준 여러분을 보고 상대방도 분명 기뻐할 것이다.

● **술에 의존해서는 안 된다**

마지막으로 한 가지 강조하고 싶은 게 있다. 바로 술에 의존하지 말고 인간관계를 유지하라는 것이다.

보통 직장 동료, 거래처 사람들과 회식을 통해 가까워지는 것을 권하는 경우가 많다. 물론 회식에서 잘 몰랐던 동료와 인사를 하고 내화를 할 기회를 얻는 것도 사실이다.

그러나 회식은 핀포인트 인간관계를 유지하기에 효과적인 수단은 아니다. 왜냐하면 술은 분위기가 무르익지 않아도 '친해졌다'라는 착각에 빠지게 만들기 때문이다. 회식에서 신나게 술을 마시며 급격히 친해졌는데 다음 날 회사에서 만났을 때 기억도 잘 나지 않고 어색해진 경험이 누구나 한 번쯤 있을 것이다. 술로 잠깐 친해질 수 있을지 몰라도 그만큼 진지하게 유지되기는 쉽지 않다.

굳이 술기운에 의존하지 않아도 함께 있으면 마음이 편해지고 잘 맞는 사람과 친분을 쌓고 깊은 관계를 유지해야 인간관계로 의미가 있다.

상황에 따라 술을 적절히 활용하면 좋겠지만 관계를 쌓고자 할 때 술에만 의존하지 않기를 바란다.

"

좋은 사람을 만나고 싶다면 나 자신도 좋은 사람,

상대가 궁금해하고 친해지고 싶다는

생각이 드는 사람이 되어야 한다.

"

🔔 당신만의 특별한 팀을 만들고 싶다면

● 왜 팀으로 일해야 할까

이제는 핀포인트 인간관계를 바탕으로 당신만의 팀을 만들어야 할 차례다. 하지만 그전에 혼자 일하는 사람들이 늘어나고 있는 시대에 왜 팀이 필요한지에 대해 짚고 넘어갈 필요가 있다.

우리가 살아가고 있는 세상의 정세를 거시적 관점에서 살펴보자. 과거 경제 대국이었던 일본은 중국에게 추월당했고, 미국과 중국은 세계의 패권을 잡기 위해 경쟁하고 있다. 앞으로는 일본의 국제적인 영향력도 저하될 것이다.

게다가 노동시장은 AI의 보급이라는 엄청난 변화를 눈앞에 두고 있다. 산업구조는 상당 부분 바뀔 것이며, 사라지는 직업도 많을 것이다. 옥스퍼드대학교 마이클 오스본(Michael Osborne) 교수의 예측으로는 '10~20년 이내에 산업이 자동화되어 사라질 가능성이 높은 직업'에 미국의 일자리 중 절반에 가까운 직업이 이름을 올리고 있다. 은행의 대출 담당자, 부동산 중개업자, 레스토랑의 직원, 변호사의 조수, 호텔 접수처 직원 등 우리가 일상생활에서 쉽게 접하고 있는 직업의 상당수가 사라질 것이다. 게다가 국가 간 노동시장의 장벽이 무너져서 값싼 노동력이 필요한 산업은 외국에 공장을 두고 있고, 거꾸로 외국인 노동자들이 인건비가 비싼 나라로 빠르게 유입되고 있다.

또 지방 도시와 외곽 지역도 점점 붕괴될 것이다. 취재 때문에 여러 지방을 돌아다녀 보면 최근 10년 동안 지역사회가 무너지고 있다는 사실이 피부로 느껴졌다. 어디든 문을 닫은 상점가가 먼저 눈에 들어왔다. 인구 감소로 패쇄된 초등학교도 있으며, 오락 시설만이 아니라 지역의 전통 행사도 점점 줄어들고 있다. 도시는 폭발적으로 커지고 있지만 인구 이동이 잦고 개인화가 되어 이웃이나 지역사회의 개념은 점차 희미해지고 있다.

그뿐인가. 핵가족화의 영향으로 가족과 친척의 크기도 축소되고 있다. 한때는 당연하게 여겨졌던 다정한 부부와 두세 명의 자녀라는 가족의 모습도 비혼, 재혼 가정, 한부모 가정 등 다양한 형태로 바뀌고 있다. 국가, 기업, 지역, 가정 등 서로 의지할 수 있는 사람이 모인 커뮤니티가 점점 쇠퇴하고 있다.

그렇지만 사람은 분명 혼자서는 살아갈 수 없는 존재다. 조직에 속하지 않고 혼자 일하는 사람이 늘어나고 있다지만 아무와도 교류하지 않고 온전히 혼자서 일할 수는 없다. 단절된 것이 아니라 느슨하게 연결되어 있는 것이다. 누군가와 관계를 맺고 함께 협력하면서 서로 도움을 주고받아야 한다.

실제로 혼자 일하는 사람들은 일의 사소한 즐거움과 어려움을 함께 나눌 동료가 없어 외롭다는 것을 가장 힘든 문제로 꼽는다. 눈앞의 과제를 함께 극복하는 즐거움을 한 번 경험해 본 사람이라면 팀으로 일하는 것의 중요성을 마음 깊이 실감할 것이다.

그렇기 때문에 더더욱 자신과 마음이 잘 맞는 사람들과 팀을 만들어 함께 일하는 것이 중요하다. 다만 여기서 말하는 팀과 조직, 고용 형태 등은 기존 조직의 것을 그대로 따를 것이 아니라 각 개인과 팀의 특성에 맞게 조정이 필요할 것이다.

● 호감 가는 사람과 팀을 꾸릴 때 고려해야 할 것들

핀포인트 인간관계는 개인의 감정과 자율성에 기반을 둔 관계다. 오로지 '좋아서' 만난 관계라는 말이다. 그런데 이제 함께 팀을 이뤄 일하기로 마음먹었다면 단지 마음만으로 모든 걸 해결할 수는 없다. 급여, 채용 형태 등을 반드시 협의하고 공식적으로 계약을 맺어야 한다.

특히 '그동안 친했으니까', '서로 잘 아는 사이니까' 등등을 핑계로 이 부분을 어물쩍 넘어가게 되면 오래 호흡을 맞출 수 없다. 아무리 마음이 잘 맞아도 서로 생각하는 급여 선이 너무 많이 차이가 난다면 함께 일할 수 없기 때문이다. 일의 성과를 얻기 위해서는 사전에 이런 부분들이 명확히 협의되어야 한다.

나의 경우 허프포스트 편집장이 된 이후 핀포인트 인간관계의 덕을 독톡히 봤다. 프로젝트성 업무가 많아서 마음에 맞는 사람들을 모아 일할 기회가 많기 때문이다. 이때 내가 중요하게 생각하는 것은 고용 방식이다.

조직에 항시 상주하면서 일하는 사람도 있지만 업계 특성상 프리랜서가 많다. 그래서 일주일에 이틀만 출근하는 사람, 프리랜서 작가로 허프포스트에 기고하면서 편집부를 임시 사무실로 사용하는 사람, 몇 달간의 프로젝트를 단위로 일을 계약하는 사람 등 각자의 라이프스타일에 맞춰 계약서를 작성한다. 물론 당사자와 충분히 이야기를 나눈 뒤 정식 사원을 희망하는 사람에게는 가능한 요구를 들어줄 수 있도록 이야기하고 있다.

처음에는 나에게도 낯선 부분이 있었지만 회사의 인사팀과 상의해보니 다양한 고용 형태가 있다는 사실을 알게 되었다. 연봉 계약, 업무 위탁, 인턴십 등등 여러 고용 형태를 법적으로 보장할 수 있는데도 제대로 활용되지 못하고 잠들어 있는 계약서가 많았다. 과거에 이런 비정규직 고용은 경영자가 회사의 형편에 따라 고용을 조정하는, 어떤 의미로는 악용되어온 면이 있다. 하지만 업무 방식이나 고용 형태가 자유로워진 오늘날에는 각자의 사정에 맞게 긍정적으로 활용할 수 있다.

이렇게 급여와 고용 형태에 대해 협의한 뒤, 함께 일할 때는 서로가 반드시 지켜야 할 한 가지 원칙을 세워두었다. 각자 자유롭게 일하는 대신 의뢰와 납품이라는 공식적인 업무 시스템을 지키는 것이다. 당연히 마감 기간이 존재하며, 지금까지의 친분 관계를 넘어선 엄격하고 공식적인 관계가 생겨난다.

일을 부탁할 때는 메시지를 분명하게 전하고 자신이 바라는 결과물에 대해 상대방에게 제대로 설명해야 한다. 일을 받을 때도 의문점이 있다면 정확하게 질문하고 마감이라는 약속을 반드시 지켜야 한다. 당연한 말을 하고 있다는 생각이 들지도 모르겠으나 이런 공식적인 의뢰와 납품 시스템이 있어야 제대로 일할 수 있고, 여기서 오는 긴장감과 신뢰가 더 뛰어난 팀을 만든다.

진심으로 좋아했던 사람과 업무 관계로 본격적으로 얽혔다가 실망하거나 껄끄러워지고 싶지 않다는 사람들도 있다. 바로 이런 부분들을 정확하게 하지 않고 느슨하게 일을 부탁해서 생기는 결과다. 믿고 맡겼는데 기간을 지키지 않는 사람임을 알게 되거나, 만족스러운 결과물을 내놓지 못하고 변명만하는 사람이 생기는 것이다.

그러나 어떻게 시작하느냐에 따라 그 인연이 깨지기는커녕 더 돈독해질 수도 있다. 핀포인트 인간관계로 맺은 인연이 더 큰 실망으로 돌아오지 않도록 사전에 여러 시스템을 만들어두어야 한다. 만약 모두가 만족할 만한 시스템이 받쳐준다면 마치 오래전부터 함께 일해 온 팀처럼 조직력이 한층 강해져 일의 생산성이 몇 배나 향상될 것이다.

● 내가 팀원들과 소통하는 법

이제 팀을 만들었다면 수시로 소통하면서 함께 일을 해야한다. 여러 방법이 있겠지만 내가 가장 선호하고, 추천하는 방법은 SNS와 인터넷을 적극적으로 활용하는 것이다.

예전에 이런 일이 있었다. 아는 사람의 소개로 다카오미라는 20대 크리에이터를 소개받았다. 그녀는 캐나다에 거주 중이었는데, 영상 중에서도 스마트폰용 영상을 제작하고 편집하는 데 상당한 재능이 있었다. 다카오미 씨는 방송국에서 일한 경험은 없지만 텔레비전 방송 문법과는 다른 스마트폰용 영상 문법에 익숙하다는 것이 흥미롭게 느껴졌다.

이때 맺은 인연이 훗날 허프포스트로 이어져, 여성의 사회 활동과 관련된 영상 제작을 의뢰하게 되었다. 그녀는 캐나다에서 영상 관련 벤처기업을 세운 상태여서 인터넷 화상회의와 페이스북 메시지로 소통했다. 직접 만날 수는 없지만 실시간으로 활발하게 소통할 수 있어서 불편함이 전혀 느껴지지 않았다.

나는 메신저를 통해 다카오미 씨에게 좋게 봤던 광고 영상이나 뉴스 영상 링크, 최근 인터넷 유저들에게 반응이 좋은 영상 등을 계속 보냈다. 지하철 안에서 이동할 때나 거리를 걷다가 문득 생각이 떠오르면 바로 메시지를 보내기도 했다. 이런 식으로 허프포스트가 원하는 영상의 분위기를 공유하고, 상대의 반응을 보면서 서로 생각을 맞춰나갈 수 있었다.

이렇게 소통한 결과 허프포스트가 진행하는 뉴스 홍보 영상과 시청자 수를 늘리기 위한 트위터 게시용 영상 등은 순조롭게 제작되었고, 기대대로 결과는 만족스러웠다.

군이 직접 얼굴을 맞대지 않더라도 한 팀으로 일하고 있다는 유대감과 소속감이 충분히 느껴지는 경험이었다. 또한 핀포인트 인간관계로 알게 된 사람과 팀을 만들어 일하면서 새로운 일에 도전했다는 뿌듯함도 느낄 수 있었다.

또 한 가지, 팀으로 일할 때 내가 신경 쓰는 부분은 바로 비언어적 커뮤니케이션이다. 예를 들어 회의 시간에 간식을 준비해서 함께 먹으면서 편안한 분위기에서 회의를 진행한다. 한번은 내가 좋아하는 단골 과자점에서 안미쓰(삶은 완두콩과 과일 위에 팥소를 얹은 일본의 후식—옮긴이)를 사와서 함께 먹었다. 그날 반응이 너무 좋았던 터라 이후에도 몇 번 안미쓰를 준비했더니, 누군가 농담으로 "이 정도면 회의하러 모인 게 아니라 안미쓰를 먹으러 모이는 거 아닐까요?"라는 말을 던졌다. 이 말에 웃음이 터진 뒤로 그만 회의 이름이 '안미쓰회'가 되고 말았다. 회의를 하다 보면 분위기가 딱딱해지거나 지루해지기 쉬운데, 이 모임만큼은 유난히 분위기가 좋고 결과도 좋았던 것으로 기억한다.

앞에서 언급한 산책도 여기에 포함되는데, 몸을 함께 움직이거나 간식을 먹는 등 업무 외적인 부분에서 친밀해질 기회를 가져야 한다. 이런 비언어적 커뮤니케이션은 팀의 동료 의식을 높이고, 일을 할 때도 처음에 공유한 호감과 생각을 잊지 않게 하는 데 중요한 역할을 한다.

● 자신만의 팀 조직도를 그려본다

팀을 만들었다면, 나만의 조직도를 그려보자. 회사가 배포하
는 조직도처럼 그림으로 나타내보는 것이다. 팀을 만든 게 아
니더라도, 핀포인트 인간관계를 나만의 부서라고 생각하고 조
직도처럼 그려보는 것도 좋다.

일반적인 회사의 조직도를 보면 영업팀, 인사팀, 총무팀, 경
영기획팀, 상품개발팀 등 다양한 부서가 존재한다. 어떤 업무
를 담당하는지 대체로 상상이 되지만, 그다지 교류가 많지 않
아 잘 모르는 부서도 있다. 그래서 회사에서 발생하는 문제 중
에 하나가 서로 어떤 일을 하는지 잘 모르기 때문에 '우리 부
서는 열심히 일하는데, 저 부서는 항상 자기들 마음대로 일하
고 있어', '저 부서는 회사에 도움이 안 돼' 같은 오해가 생기는
것이다. 아무래도 경직된 부분이 생길 수밖에 없다.

그런데 핀포인트 인간관계로 구축된 동료들은 그렇게 하나
의 부서로 이름을 붙이기에는 각자의 개성과 능력이 제대로
드러나지 않아 아깝다. 그래서 회사의 조직도와는 다르게, '정
해진 역할'이 없도록 작성한다.

먼저 노트를 꺼내 동료의 이름을 써보자. 그리고 이름 주변

에 장점 세 가지를 쓴다. 기왕이면 간결하게 '○○력'이라고 표현해보자. 나라면 내 이름 옆에는 문장력, 기획력, 영어력이라고 쓸 것이다. 다른 동료들에게는 교섭력, 이벤트 기획력, 영상 제작력, 데이터 분석력, 식당 추천력 등 조금 어색하게 들리더라도 이런 식으로 간단하게 기록한다. 이렇게 쭉 써보면 자신의 팀 혹은 인맥을 입체적으로 파악할 수 있다.

그리고 새로운 프로젝트를 시작한다거나 업무를 시작할 때 이 조직도를 꺼내서 살펴보자. 누구와 누가 공통점이 많은지, 누구를 중심으로 프로젝트를 진행하면 좋을지에 관한 아이디어가 떠오를 것이다. 업무와 관계된 것이 아니라 평범한 식사 모임을 하려고 할 때도 이 조직도가 도움이 된다. 지금까지 생각지도 못했던 의외의 조합이 보일 수도 있다.

지금까지는 A의 특기라고 생각해왔는데 실제로는 그렇지 않다거나 개인적인 노력으로 새로운 능력을 개발하는 사람도 있을 테니 가끔씩 꺼내 수정과 보완을 한다면 활용하기에 더 좋은 자료가 될 것이다.

● 필요하다면 이별할 각오도 해야 한다

마지막으로 여기까지 살펴본 것과 조금 상반되는 당부를 할까 한다. 핀포인트 인간관계를 유지해온 사람과 마음이 맞지 않게 되거나 어느 순간부터 마음이 불편해진다면 어떻게 해야 할까?

가슴 아픈 이야기지만 만남이 있다면 이별이 있는 것이 세상의 이치다. 인간은 결국 죽음이라는 영원한 이별을 피할 수 없으므로 아무리 친밀한 사람이라도 언젠가는 헤어질 수밖에 없다. 친한 사람과도 헤어질 수 있다. 불편해진 사람이라면 이별은 더더욱 자연스러운 선택이다.

나에게도 한때는 오랜 기간 신뢰해온 업무 파트너였으나 지금은 연락조차 하지 않는 사람이 있다. 그는 언론 업계를 바꾸기 위해 새로운 일에 끊임없이 도전하는 사람이었다. 처음에는 그의 도전적인 모습이 부러웠고 옆에서 자극을 받기도 했다. 그러나 어느 순간부터 그는 점점 보수적으로 변해갔고, "좋은 아이디어지만, 지금은 시기상조. 조금 더 기다려보자"라는, '좋아, 그런데……' 형식으로 말하는 일이 늘어났다. 그러다 크게 언쟁을 벌였고 그 뒤로 멀어지고 말았다.

나에게도, 그에게도 미숙한 면이 있었을 거라 생각한다. 물론 서로에게 다가가는 노력도 중요하지만, 자석의 N극와 S극처럼 아무리 노력해도 간극을 좁히지 못할 때도 있다. 그렇다면 그럴 땐 관계를 접는 것이 낫다. 그 관계를 대신할 새로운 만남이 여러분을 기다리고 있을 것이다. 언뜻 보기에는 냉정한 듯 보이지만, 영원히 지속되는 인간관계는 없는 법이니 우리가 떠 안아야 할 숙명이라고 생각한다.

내가 호감을 느끼고 친해지기를 간절히 원했던 사람이라도 나중에는 마음에 맞지 않게 될 수 있다. 그럴 때는 과감하게 관계를 접는 선택지가 있다는 사실을 잊지 말았으면 한다. 그런 안타까운 결말을 미리 알고 있는 것도 핀포인트 인간관계를 제대로 이해하고 잘 활용하는 비결 중 하나임을 기억해두자.

"

아무와도 교류하지 않고 온전히 혼자서 일할 수는 없다.

과거와 달리 느슨하게 연결되어 있는 것뿐이다.

결국은 누군가와 관계를 맺고 함께 협력하면서

도움을 주고받아야 한다.

"

맺음말

솔직히 말하면 이 책을 쓰는 게 맞는지 맺음말을 쓰는 지금까지도 망설이고 있다.

핀포인트 인간관계는 '호감을 느끼는 사람만 골라 어울리자'라는 것처럼 보여 오해를 불러일으키기 쉽기 때문이다. 자칫하면 사람을 차별하는 것처럼 보인다거나 폐쇄적이고 끼리끼리 어울리는 배타적인 인맥 관리법으로 잘못 받아들여질 수도 있다. 개인적으로는 취재나 일을 하는 데 방해가 될 가능성이 충분히 있다.

그럼에도 책을 쓰기로 결심한 이유는 현대사회를 살아가는 한 사람이자 언론인으로서 인간관계에 관해 진지하게 생각해볼 필요가 있다는 결론에 이르렀기 때문이다.

지금 세계 곳곳에서는 '단절'이 일어나고 있다.

예를 들어 미국에서는 트럼프 대통령이 자신의 지지자와 그 외의 시민, 언론, 정치가를 '적과 아군'으로 나누는 듯한 발언을 반복하고 있다. 유럽에서는 이민자를 쫓아내자고 주장하는 사람들의 목소리가 커지고 있으며, 일본 역시 특정 국가나 집단을 비난하는 헤이트스피치가 쉽게 눈에 띈다. 편을 가르고 골방에 틀어박혀서 서로를 멀리하고 있다. 관계를 맺기는커녕 누군가를 증오하는 사람도 적지 않다.

이런 증오와 단절을 부채질하는 특정 세력이 득세하고 있는 것도 문제이지만 더 큰 문제는 지역, 가족, 직장의 경계가 조금씩 허물어지면서 개개인이 유리되어 남겨지는 상황이다. 일하는 방식과 라이프스타일이 상당히 다양해졌고, 가치관이 다른 사람이 많아졌다. 편을 가를 수조차 없는 작은 그룹이 무수히 존재한다.

더구나 조직이 무너지고 인터넷이 등장하면서 개인이 할 수 있는 일이 늘어났다. 인터넷을 이용하면 혼자 집에서도 일할 수 있다. 금융 거래도, 음식 배달도 가능하다. 혼자서도 얼마든지 살아갈 수 있다.

과연 이런 시대에 타인과 관계를 맺으면서 살아갈 수 있을까. 서로를 증오하거나 아예 무관심한 분위기 속에서 굳이 조직이나 팀을 만들 필요도, 애써 인간관계를 맺을 필요도 없어진 것은 아닐지 회의적인 질문이 먼저 떠오를 수 있다.

특히 나처럼 내성적인 사람일수록, 잘 때나 깨어 있을 때나 항상 인간관계 때문에 고민하고 스트레스를 받는 사람일수록 그런 생각을 하기 쉽다. 그렇지만 나는 '사람은 혼자서는 살아갈 수 없다'라는 당연하면서도 매우 중요한 사실을 잊지 않으려 애쓴다.

우리가 무심코 먹는 아침 밥상은 쌀과 야채를 재배한 농부와 배송해준 운전사, 마트 직원 등 수많은 사람들이 연결되어 있어야 가능한 것이다. 밥을 먹은 뒤 스마트폰으로 업무 메일을 확인하면 동료, 거래처에서 보낸 메일을 통해 나와 그들의 아침이 이어진다. 나의 개인 정보는 어느 기업에서 마케팅 전략을 세울 때 참고하는 데이터의 일부로 쓰일지도 모른다.

이렇게 의도하지 않아도 우리는 누군가와 끊임없이 이어져 있다. 나는 원하지 않는다고 우겨도 어떤 식으로든 우리 모두는 타인과 관계를 맺으며 살아갈 수밖에 없다.

물론 '인간은 혼자 태어나 혼자 죽는 존재'라고도 말한다. 그리고 마음 한쪽에는 성가신 인간관계를 끊어내고 홀가분하게 살고 싶은 욕구를 품고 있는 생물이기도 하다. 하지만 그것은 불가능하다. 혼자서 자유롭게 살고 싶어도 산속으로 들어가 완벽하게 자급자족하며 살지 않는 한 우리는 관계에서 자유로울 수 없다.

어떻게든 타인과 관계를 맺으며 살아갈 수밖에 없다는 사실은 나에게 약간의 두려움과 신기함, 그리고 기분 좋은 흥분을 안겨준다. 인간관계에서 벗어날 수 없다면, 관계란 대체 무엇인지 고민해봐야 한다. 그리고 수동적으로, 아무 생각 없이 남들이 하는 대로 휩쓸려서 관계를 맺는 것이 아니라 '나'를 중심에 두고 내가 원하는 사람과 관계를 맺어야 한다. 결국 나 자신이 없는 관계는 무의미하기 때문이다.

나는 비록 인간관계에 서툴긴 하지만, 두려워하고 싶지는 않다. 상대를 자신 있게 리드할 수는 없지만, 적어도 끌려다니고 싶지는 않다. 때로는 내가 느끼는 감정과 직감을 믿고 용기 내어 먼저 상대방에게 다가가고 싶은 기대감과 바람을 이 책에 담았다.

당신에게 인간관계는 어떤 의미인지 묻고 싶다. 나와 비슷한 사람도 있을 것이며, 관계를 맺는 것이 커다란 기쁨이자 즐거움인 사람도 있을 것이다. 어느 쪽이든 의무감에 떠밀리지 않고 당신이 원하는 방식대로 관계를 맺고 대화를 나누는 기쁨을 놓치지 않길 바란다. 그래야 우리 사회가 비뚤어진 집단주

의도 아니고 각자 유리된 개인도 아닌, 모두가 건강하게 연결된 관계로 발전할 것이다.

이 책이 그런 계기가 되기를 기대해본다.

2019년

라이언 다케시타

옮긴이 | **정은희** 고려대학교 영어영문학과를 졸업했다. 졸업 후 출판사에 입사하여 참고서 및 교과서를 기획·편집하는 일을 했다. 대학교에서 배운 일본어의 매력에 빠져 일본 문화를 공부하고 책을 읽으면서 번역가의 꿈을 키웠다. 현재 바른번역에서 전문 번역가로 활동하며 좋은 일서를 소개하는 데 힘쓰고 있다. 역서로는《아주 작은 디테일의 힘》,《하루 3줄 영어 일기》,《위대한 직장인은 어떻게 성장하는가》,《하버드 행복 수업》,《나는 오늘도 칼퇴근!》등이 있다.

스탠퍼드는 명함을 돌리지 않는다

내가 좋아하는 사람만 만나도
일과 인생이 성공하는 핀포인트 인간관계 법칙

초판 1쇄 발행 2019년 12월 27일

지은이 | 라이언 다케시타
옮긴이 | 정은희

발행인 | 문태진
본부장 | 서금선
책임편집 | 오민정　　편집3팀 | 이정아 오민정
디자인 | 김현철

기획편집팀 | 김혜연 박은영 김예원 정다이 전은정　　저작권팀 | 박지영
마케팅팀 | 이주형 정세림 정지연　　디자인팀 | 김현철
경영지원팀 | 노강희 윤현성 이보람 박누리
강연팀 | 장진항 조은빛 강유정 신유리
오디오북 기획팀 | 이화진 이석원 이희산

펴낸곳 | (주)인플루엔셜
출판등록 | 2012년 5월 18일 제300-2012-1043호
주소 | (04511) 서울특별시 강남구 도산대로 156 제이콘텐트리빌딩 7층
전화 | 02)720-1034(기획편집) 02)720-1024(마케팅) 02)720-1042(강연섭외)
팩스 | 02)720-1043　전자우편 | books@influential.co.kr
홈페이지 | www.influential.co.kr

한국어판 출판권 ⓒ 인플루엔셜, 2019
ISBN 979-11-89995-44-7(03190)